Faites exploser vos couleurs

Catalogage avant publication de Bibliothèque et Archives nationales du Québec et Bibliothèque et Archives Canada

Rochette, Jean, 1953-
Faites exploser vos couleurs : pour être pleinement vous-même et vivre une vie passionnante
Comprend des références bibliographiques.
ISBN 978-2-89436-589-2
1. Réalisation de soi. I. Titre.
BF637.S4R622 2014 158.1 C2014-942141-9

Nous reconnaissons l'aide financière du gouvernement du Canada par l'entremise du Fonds du livre du Canada (FLC) pour nos activités d'édition.

Nous remercions la Société de développement des entreprises culturelles du Québec (SODEC) pour son appui à notre programme de publication.

Gouvernement du Québec – Programme de crédit d'impôt pour l'édition de livres – Gestion SODEC.

Illustration à la page 183 : Isabelle Bernier
Conception de la couverture et tableau couleur à l'intérieur : Véronique Talbot (Conception Para-Graphe Inc.)
Infographie de la couverture : Marjorie Patry
Mise en pages : Josée Larrivée
Correction d'épreuves : Michèle Blais

Éditeur : Les Éditions Le Dauphin Blanc inc.
Complexe Lebourgneuf, bureau 125
825, boulevard Lebourgneuf
Québec (Québec) G2J 0B9 CANADA
Tél. : 418 845-4045 Téléc. : 418 845-1933
Courriel : info@dauphinblanc.com
Site web : www.dauphinblanc.com

ISBN version papier : 978-2-89436-589-2
ISBN version numérique epdf : 978-2-89436-590-9
ISBN version numérique epub : 978-2-89436-591-5
ISBN version numérique mobi : 978-2-89436-592-2

Dépôt légal : 4e trimestre 2014
Bibliothèque nationale du Québec
Bibliothèque et Archives Canada
Données de catalogage disponibles auprès de Bibliothèque et Archives nationales du Québec.

Imprimé au Canada

Jean Rochette

Faites exploser vos couleurs

pour être pleinement vous-même et vivre une vie passionnante

Le Dauphin Blanc

Pour Nathalie,
Thierry,
Catherine,
Jonathan,
Gabrielle.

TABLE DES MATIÈRES

PROLOGUE

Nous sommes le 13 juillet 2008.

Il y a deux mois, j'ai eu 55 ans… et je me trouvais jeune.

Un piéton passe devant la maison, camisole détrempée. Il s'essuie le front pour éponger les grosses gouttes de sueur qui réapparaissent aussitôt.

C'est la canicule et pourtant, j'ai froid.

J'ai froid au corps, mais aussi au cœur. Et le chandail de lainage que j'ai enfilé ce matin ne suffit pas à faire cesser ma tremblote.

Mon fils prend l'avion tout à l'heure pour un voyage étudiant en France. Il a ramassé des fonds toute l'année pour ce périple outremer. C'est, je crois, le plus beau jour de sa vie. Et c'est, aussi, le pire de la mienne. Il m'a fait promettre d'aller le rejoindre à l'aéroport, à une heure de chez moi. Il y est sans doute déjà. Durant les quelques heures d'attente pour l'embarquement, je vais devoir faire semblant d'être heureux. Je ne vais pas lui gâcher ce beau départ. Il l'a tant attendu.

Pendant que je serai à l'aéroport, faussement enjoué et rieur, ma conjointe va quitter la maison. Lorsque je reviendrai, elle sera partie. Pour toujours peut-être. Ma tête pense qu'elle ne reviendra pas. Mon cœur espère qu'elle va revenir. Mon âme sait très bien que c'est fini, mais ne veut pas l'admettre. J'en parlerai à mon fils lors de son retour. Il s'entend à merveille avec elle. Ce n'est pas le bon moment aujourd'hui pour lui annoncer une triste nouvelle.

Deux semaines plus tôt, ma conjointe est rentrée à la maison au milieu de la nuit. Elle revenait de chez un ami. Elle m'a regardé dans les yeux, impassible. Dans l'anticipation de ce qui allait suivre, mon cœur a commencé à se serrer. Je lui ai dit :

— Il est tard.

Avec flegme, elle m'a répondu :

— Nous avons fait l'amour.

J'ai senti une sorte de froideur m'envahir. Mon corps s'est mis à trembler. Confus, je lui ai lancé :

— Est-ce que c'est fini entre nous ?

Elle n'a pas répondu tout de suite, semblant chercher ses mots, le regard éloigné, le visage toujours fermé. Après quelques secondes qui m'ont paru une éternité, elle a simplement ajouté :

— Je ne sais pas.

J'ai senti mon cœur comme dans un étau. Je n'arrivais plus à respirer. Mon univers s'écroulait. Mon corps était maintenant aussi froid que celui d'un cadavre. Aussi froid que sa déclaration.

Pendant les deux semaines qui ont suivi, nous avons discuté, cherché une solution pour ne pas tout détruire. Nous ? Peut-être pas en fait. Étais-je déjà seul ? Régulièrement, j'ai tenté avec elle de parler de ce qui n'allait pas entre nous. Je lui faisais part de mes réflexions, de mes idées pour nous retrouver. Elle acceptait de m'écouter mais, plutôt passive, ne semblait pas complètement présente à ce que je disais et ne répliquait pas beaucoup. Ses pupilles toujours vides, son sourire rare me révélaient qu'elle était déjà partie. Sa façon de répondre « je ne sais pas » à presque toutes mes propositions achevait de me tuer à petit feu. Je persistais, pourtant. Je m'accrochais et la relançais, comme si c'était moi qui avais à accélérer le processus de sa décision, à provoquer un passage vers quelque chose d'autre, de nouveau, même si je me doutais que tout était déjà perdu.

À la toute fin pourtant, hier, elle m'a finalement dit :

— Je vais rester avec toi, mais je ne dois pas le revoir.

Je ne voulais pas de demi-mesure. J'avais trop misé sur cette relation pour n'en récupérer que des miettes qui, je le sais, n'auraient servi qu'à reporter de quelques semaines ou quelques mois la fatale issue. Je lui ai donc demandé de se rendre à lui afin de lui déclarer son intention de ne plus le revoir. Bien en face. Dans le blanc des yeux. Arrivera-t-elle à le lui dire ? À assumer sa décision ?

Il a été convenu qu'au moment où je me rendrais à l'aéroport, elle quitterait après moi afin d'aller le retrouver.

Je monte à bord de ma voiture. « Jean, contrôle-toi. Ton âme se déchire, ton cœur crie au meurtre, ton corps gèle par trente degrés, mais contrôle-toi », me dis-je à moi-même.

Le voyage dure une heure mais je ne me rends pas vraiment compte du temps qui passe. Je conduis de façon automatique, les yeux dans le vide plus que sur la route, concentrant mon attention à me ressaisir sans pourtant y arriver.

Juste avant d'entrer dans le terminal, j'affiche mon plus beau sourire. Il est artificiel, mais il est là. Je mens à moitié à mon fils :

— Non, elle n'a pas pu venir mais te souhaite un beau voyage.

Je profite de chaque occasion pour me retrouver seul : on a besoin d'une bouteille d'eau, d'une information, de revérifier l'heure d'embarquement ? Je suis volontaire. N'importe quoi pour prendre une pause de ce sourire qui a de la difficulté à rester sur mon visage. L'heure de l'embarquement arrive. Comme l'attente a été longue ! Émotif, je serre mon fils très fort, trop peut-être, le regarde entrer dans la zone contrôlée. Je peux enfin repartir.

En chemin, mon cerveau a réveillé un hamster qui est complètement déchaîné. Je ne veux pas y croire. Je me dis qu'elle sera là à mon retour, qu'elle aura eu le temps d'y aller et de revenir et qu'elle me sautera dans les bras en me disant qu'elle m'aime. Je reprends un à un chaque mot de nos discussions de ces quinze derniers jours, je tente de me raccrocher à sa décision finale, mais je n'y crois qu'à moitié.

Je me rappelle une grande affiche que j'avais collée sur le mur de ma chambre dans ma jeunesse : « Ce que tu aimes, laisse-le libre. S'il te revient il est à toi, s'il ne te revient pas, il ne t'a jamais appartenu. »

Je trouve ça beau. J'y crois encore aujourd'hui. Je me sens noble, malgré ma douleur à la poitrine, signe d'une immense anxiété. « Elle va revenir, Jean. Elle va revenir. Ça ne peut pas s'arrêter comme ça ! » Je me répète ces phrases comme un mantra en essayant d'y croire, mais en même temps, je me trouve pathétique.

Avant même que je ne m'engage avec elle, j'avais confié à mon psychologue de l'époque que je n'avais jamais connu une relation dans laquelle je pouvais faire totalement confiance. Il m'avait répondu :

— Le temps est venu, Jean.

Alors je tente de faire confiance. Elle va revenir. Notre rencontre avait été marquée par des coïncidences si flagrantes qu'il devait s'agir de signes du destin. Tout concourait à marquer le début d'une grande aventure de couple. Comment a-t-on réussi à produire un tel gâchis ?

J'arrive enfin à la maison. Elle n'est pas là.

Comme c'est vide…

Je vérifie mes messages sur le téléphone, dans les courriels, sur le portable ! Dix fois, cent fois dans la soirée. Rien. Silence. À mesure que les heures passent, les chances qu'elle revienne diminuent et le point que j'ai au cœur augmente. Ça serre fort. Le silence est parfois violent.

Je sais qu'elle voit sa thérapeute demain matin. J'aurai sans doute des nouvelles à ce moment-là. Je vais attendre.

Je passe la nuit au salon, le cerveau en roulement continu. Impossible de fermer l'œil. Trop de choses se jouent en ce moment et ma tête m'interdit le sommeil.

J'ai tiré sur moi une couverture à carreaux. Elle est chaude. Je m'y emmitoufle malgré qu'il fasse 25 degrés dans la maison. Peine perdue, j'ai toujours froid. Et c'est ainsi, grelottant, la gorge nouée, le cœur serré, que je vois passer chaque minute et chaque heure de cette nuit.

J'imagine mon fils, à Paris, avec ses copains. Il ne sait pas. Il peut s'amuser. Et je souris un peu à cette pensée.

Enfin il est midi. Je n'ai pas fermé l'œil. Je ne sais pas à quelle heure était le rendez-vous de ma conjointe, mais il est assurément terminé. Elle sait l'état dans lequel je suis. Je me dis que j'aurai des nouvelles dans les prochaines minutes.

Attente.

Il est 14 heures.

Je ne tiens plus en place. Je dois savoir. Je dois savoir *maintenant.*

J'attrape le combiné, je suis gauche et le laisse tomber. Mes mains tremblent. Tellement que je dois m'y prendre à deux fois avant de réussir à composer son numéro. Dieu que j'ai froid. Pendant que ça sonne, mon cœur redouble de vitesse. Il s'arrête net lorsqu'elle répond.

— Allo ?

— Oui, c'est moi. Euh… je voulais savoir… Je sais que tu as eu une rencontre ce matin. Est-ce que tu as finalement pris une décision ?

— Oui.

— (Silence)

— Je déménage…

J'ai soudainement l'impression que j'étais tenu en joue par un fusil et que le coup vient de partir. Je ne peux plus parler. Je ne peux plus penser. On pourrait compter les battements de mon cœur juste à voir se soulever ma poitrine. Ça me serre le cœur. Il y a un *blackout* en moi. Je marmonne quelques mots sans même savoir ce que je suis en train de dire et je raccroche la ligne.

L'angoisse monte, terrible. Ce n'est pas un chagrin d'amour qui s'amorce, c'est un choc traumatique doublé d'un deuil amoureux.

Il faut dire que j'ai tout misé sur cette relation. Convaincu que j'allais connaître enfin à la fois l'amour et l'abondance – c'était mon plus grand désir –, j'ai tout fait en même temps. En amour, j'ai foncé tête baissée. Je me suis ouvert totalement. Du côté financier, j'ai fondé un centre de développement, acheté des immeubles, financé mon autre fils qui désirait ouvrir un restaurant. Bref, je me suis endetté en comptant que nous étions deux pour assumer tout ça.

Curieusement, tout s'écroule en même temps : j'ai appris que l'entreprise de mon fils n'est pas rentable et qu'il doit la fermer ; ma conjointe s'en va et avec elle l'amour et les revenus doubles et dans l'état où je suis, il est impensable que je puisse travailler. Je vais peut-être devoir déclarer faillite.

Je retourne à mon fauteuil. Tétanisé, j'y passe le reste de la journée et de la nuit, incapable de manger, épuisé à n'en plus dormir, prisonnier de ma tête qui ressasse sans cesse les dernières années, puis les dernières semaines, puis encore les dernières années. Tout se confond.

Un jour passe, puis un autre.

Cela fait maintenant trois jours que je ne dors pas et que je ne mange pas.

Lentement, une petite voix commence à se faire entendre en moi:

« Va chercher de l'aide, Jean. Il faut au moins manger et dormir. »

J'appelle une docteure avec qui, en tant que psychologue, j'ai eu l'occasion de travailler dans le passé. Je n'ai que la force de lui dire :

— Il faut que je te voie. C'est pour moi.

Elle me reçoit dans l'après-midi, et j'en ressors avec une prescription d'antidépresseurs, de somnifères et d'anxiolytiques. La totale.

Et je prends contact avec mes préjugés. Moi qui croyais ne pas en avoir...

« Un psy ne devrait pas prendre d'antidépresseurs », me dis-je en boucle. Mes gestes sont sur le pilote automatique. Je me présente à la pharmacie. « Un psy ne devrait pas prendre d'antidépresseurs », me répète mon cerveau.

Je tends le papier au pharmacien qui s'étonne. Il me connaissait sans doute plus fort que ça :

— C'est pour toi personnellement ?

Un rictus censé être un sourire lui répond. J'ai froid. Je dois sortir de là ! J'ai honte.

Au retour, j'ouvre un flacon. Ce sont les anxiolytiques. J'en prends deux. Deux fois plus que la dose recommandée. La douleur à la poitrine est insupportable.

Une demi-heure plus tard, transi dans mon fauteuil, je sens mon corps relâcher la tension. Derrière cette anxiété commence à apparaître une peine abyssale.

Je sombre dans le sommeil. L'aventure commence.

Pendant un an, je ferai le grand saut. Le plus difficile : le saut en soi-même pour trouver une raison de vivre. Non. Une raison d'exister.

Pendant un an, je revisiterai chaque parcelle de ma vie, chaque événement, chaque moment. Je chercherai partout un sens à ce qui me semble absurde, guidé par cette parole, tirée d'un livre de Neale Donald Walsch, acheté juste parce qu'*elle* aimait cet auteur:

« Lorsque les choses paraissent se désassembler,
c'est peut-être qu'elles s'assemblent pour une toute première fois[1]. »

Phrase de la dernière chance, c'est elle qui me guidera.

Je n'y croirai pas, mais je ferai comme si c'était vrai. Pour survivre.

Nous sommes le 16 juillet 2008.

Il y a deux mois, j'ai eu 55 ans…

Là, tout de suite, j'ai l'impression d'en avoir 95… et que tout est fini.

1. Walsch, Neale Donald. *L'abondance véritable*. Ariane, 2008.

PREMIÈRE PARTIE

LE GRAND APPRENTISSAGE

CHAPITRE 1

La descente aux enfers

Par la douleur se brise la coquille
qui enveloppe votre entendement.
KHALIL GIBRAN[2]

Les premières semaines de cette rupture me semblèrent une longue agonie. Désemparé, j'y cherchais une issue.

Lorsqu'on va mal, on fait appel à notre boîte à outils, cet éventail de solutions que nous avons accumulées au fil des ans.

J'espérai donc que mes quinze années en psychothérapie et mes connaissances en psychologie me permettraient de me remettre rapidement.

J'avais déjà été chercher les médicaments et les prenais tels que prescrits, ou presque, touchant d'ailleurs ainsi avec étonnement à une grande capacité d'addiction.

Péniblement, je tentai ensuite de trouver un sens à ce qui se passait. J'avais appris en effet au fil des ans que le sens de la vie est ce qu'il

2. Gibran, Khalil. *Le prophète*. Casterman, 1956.

y a de plus précieux. C'est Viktor Frankl[3] qui avait dit cela. Professeur de neurologie et de psychiatrie, Frankl avait vu toute sa famille décimée dans les camps de concentration nazis et avait été témoin de personnes comme lui, faisant preuve d'une grande résilience. Il s'était demandé comment ces gens et lui-même faisaient pour continuer malgré tout, et il avait conclu de ses observations que c'était le sens de la vie qui permettait de continuer. Il avait même affirmé que sans ce sens, nous tombons dans une névrose où l'absurdité gagne sur l'être. Il avait mis au point une thérapie du sens de la vie, la logothérapie. Celle-ci permettait à celui qui s'y soumettait de trouver son propre sens et d'échapper ainsi à la névrose. Frankl devait avoir raison.

Je ne connaissais pas de psychologues pratiquant la logothérapie mais j'avais déjà un psy, celui-là même qui m'avait encouragé dans le sens de l'engagement. Dans un élan de survie – il n'y a que ce mot qui décrive complètement ce que je ressentais à ce moment-là –, je l'appelai pour hurler ma détresse.

Il m'écouta et m'accueillit tout d'abord avec tact et professionnalisme jusqu'à ce qu'il me mette en attente pour prendre une deuxième ligne. Malheureusement, un défaut technique sans doute fit que j'entendis ce qu'il disait à son autre interlocuteur.

— Je n'en ai que pour quelques minutes et je te rappelle tout de suite.

Lorsqu'il reprit la ligne avec moi, j'étais un peu décontenancé :

— Tu as sans doute plein de choses à faire. Je vais te laisser.

— On a tout notre temps, Jean.

Puis il écourta habilement la conversation.

Pour moi, cet épisode n'était pas anodin. Ma fragilité d'alors ne me permettait pas de nuancer les choses et je perdis instantanément la

3. Frankl, Viktor. *Découvrir un sens à sa vie avec la logothérapie*. Éditions de l'Homme, réimpression 2013.

confiance que j'avais non seulement en ce psy mais aussi dans ce qu'il construisait et qu'il appelait fièrement une «famille». Par la suite, de cette «famille», aucun ne s'informa de comment j'allais. J'appris un peu plus tard qu'une personne avec qui j'avais fait une formation et dont je croyais l'estime réciproque s'était associée à mon ex-conjointe pour donner des ateliers. J'y vis à l'époque une certaine forme de déloyauté qui augmenta mes doutes sur la nature «familiale» de cette organisation.

Étrangement, cela me précipita au cœur de mon enfance. Les blessures que j'avais mis quinze ans à soigner se rouvraient alors que je les pensais guéries. Je me remis comme à l'époque à douter de tout. Cela me faisait même remettre en doute les processus thérapeutiques des psychologues. La psychothérapie ne guérissait donc rien? Je me demandai alors s'il y avait quelque chose de vrai en ce monde.

Flashback : l'homme sans foi

Il me faut vous dire à ce stade que je n'ai pas la foi.

Je pense, comme on le dit parfois, que lorsque la foi est passée dans mon coin, je n'étais pas là. Et elle n'est jamais revenue.

Aussi loin que je remonte dans mon enfance, je ne trouve pas de moment où je n'ai jamais eu de doute. Bien sûr, à l'époque, lorsque je décrivais ces doutes, on me disait que le doute faisait partie de la foi. Je faisais donc comme si ces doutes n'existaient pas. Si bien que pendant quarante ans, j'ai cru avoir la foi, poussant la chose jusqu'à tenter d'être un «super croyant».

Élevé dans le catholicisme, je suis donc entré au séminaire pour devenir prêtre. À mon sens, le prêtre était en effet «plus chrétien que les chrétiens». Il m'a fallu deux mois pour me rendre compte que ce n'étais pas le cas et, comme j'aimais aussi beaucoup trop les femmes, j'ai dû oublier ce projet. J'avais pourtant commencé à étudier la théologie et ce n'était pas pour me rassurer quant à mes doutes. Lorsqu'on nous enseigne d'emblée que la Bible n'est que symbolique et que rien ou presque n'est vraiment historique, les doutes augmentent. Mais je n'étais pas prêt à prendre conscience que je n'avais pas la foi. J'ai donc continué mon programme d'études, espérant y trouver quelque chose à quoi me raccrocher.

Fort d'un baccalauréat en théologie, je suis devenu professeur de religion (catholique, cela va sans dire) et me suis retrouvé à tenter d'inculquer la foi aux autres. N'est-ce pas ce qu'on fait quand on doute soi-même de quelque chose ? Pour s'en convaincre, on tente de convaincre les autres. J'étais donc quelqu'un qui, inconscient de sa propre incroyance, avait pour objectif de faire surgir la foi chez les autres.

Oh, de temps à autre, particulièrement l'été, mes doutes augmentaient. Il arrivait même que je me demande comment j'allais faire pour effectuer la rentrée scolaire sans pouvoir affirmer ma foi. À certains moments, mes doutes devenaient si forts que j'envisageais sérieusement de démissionner plutôt que de faire semblant d'y croire. Puis les choses se tassaient d'elles-mêmes. Le déni est puissant.

Je vécus quelques années ainsi puis je m'inscrivis à une maîtrise en sciences de la religion. C'était la dernière mode et ce fut tout un choc. Bien que passionnante, cette approche me troubla profondément. J'étudiais en effet le « phénomène religieux » comme objet d'analyse scientifique à partir de la sociologie et de la psychologie. Or, la psychologie et la sociologie n'ont que faire des croyances. Elles les étudient à partir de la méthode scientifique qui suppose des observations. Or, on n'observe pas Dieu. On observe celui qui y croit. L'existence ou non de ce Dieu n'est pas à l'ordre du jour. Cette méthode me convenait mais augmentait mes doutes. Au fond, Dieu n'était peut-être qu'une construction humaine.

Comme le programme d'étude des collèges avait changé, il s'agissait maintenant d'enseigner les sciences de la religion. Il n'était donc plus requis d'avoir la foi pour enseigner. Cela me rassura et, le déni faisant son œuvre, me permit de me poser moins de questions et de laisser mes doutes en veilleuse un certain temps.

Ce n'est que vers quarante ans, lors de mes études en psychologie, que tout a basculé.

À l'époque, j'avais déjà fait 5 ans de thérapie psychanalytique et j'étais content d'étudier dans un domaine scientifique. À mes yeux, j'évoluais maintenant dans le domaine du prouvé, du certain. Enfin, j'étais dans un endroit où le doute n'avait plus sa place. Après tout, c'était de la science. Donc c'était vrai !

Un professeur avait demandé un cobaye pour illustrer la puissance de l'une de ses techniques. Je m'étais tout naturellement porté volontaire, fort de l'équilibre que je croyais avoir acquis en thérapie et convaincu qu'il ne se passerait rien de bien terrible.

— Ferme les yeux et respire, me demanda-t-il.

Il ne se passait effectivement rien. Il me venait tout au plus un accrochage relativement bénin avec un professeur du collège où j'enseignais. J'étais tout sourire et continuais à respirer.

— Est-ce qu'il monte quelque chose, demanda le professeur ?

— Oh, un accrochage avec un collègue, dis-je, insouciant.

— Vois ce collègue. Comment tu te sens ?

— Incompris, dis-je. Il ne comprend pas ce que je lui dis.

Le professeur sauta sur cette information avec l'habileté d'un vieux renard rompu à sa technique.

— Est-ce que ça arrive souvent que tu ne sois pas compris ? Laisse monter la première fois où tu n'as pas été compris.

Tout s'enclencha rapidement en moi.

J'avais toujours été incompris. De mon père, de ma mère, du curé de la paroisse, de la bonne sœur de 2e année. Il me revenait les mensonges de mon enfance. Des blessures géantes se rouvraient, béantes comme le Grand Canyon. La psychanalyse n'avait donc servi à rien. Si on ne pouvait pas se fier aux techniques thérapeutiques, à quoi pouvait-on se fier ? À la vitesse de la lumière, je perdis tout ce que je pensais avoir acquis depuis quarante ans : un équilibre, une forme de vérité, l'illusion de ma croyance. Je perdis tout. Et j'éclatai en sanglots.

Le professeur, fier de sa démonstration, ne fit pas plus de cas de moi que cela et me retourna à ma place en me recommandant de continuer à respirer. Je l'étiquetai « dangereux » et je mis dans le même panier les parents, les curés, la religion et la psychologie. Tout était de la frime. Tout était de la merde. Tout était dangereux si on s'aventurait à y croire.

En l'espace de quelques minutes, mon univers de certitudes fabriquées s'était écroulé. J'entrai dans une crise qui dura dix ans.

Pour arriver à terminer mes études de psychologie, j'avais séparé la psychanalyse du reste et réussi à espérer davantage de d'autres approches que de celle-là. La psychologie humaniste me semblait plus prometteuse et j'entrepris un suivi auprès de quelqu'un qui pratiquait ce type d'approche. J'avais l'impression, là, de régler les vrais problèmes et de réparer vraiment mes blessures. C'est avec lui que je travaillai sur la dépendance affective, sur le deuil de mon père qui avait été capable de renier ses enfants, sur mes « fausses croyances ».

Il travaillait avec une approche nommée « psychosynthèse » que j'adoptai vite à titre de psychologue. Issue au début du siècle du psychiatre italien Assagioli, la psychosynthèse voyait les états intérieurs de la personne comme des parties d'elle-même et non comme un tout. Lorsque ces états intérieurs devenaient trop forts, ils prenaient le contrôle de la personnalité et envahissaient tout. La personne était alors identifiée à son état. Il fallait donc désidentifier nos états intérieurs pour qu'ils ne nous contrôlent plus[4]. J'apprenais qu'il y avait en moi de la colère, mais que je n'étais pas que cette colère ; qu'il y avait en moi de la peine, mais que je n'étais pas que cette peine. J'avais l'impression de prendre un vrai pouvoir sur ma vie. Je trouvais cela efficace.

Mon thérapeute était aussi sensibilisé au travail sur l'« ombre[5] », notion proposée par Jung et qui me semblait essentielle parvenu à ce point de ma vie. Toutefois, à l'instar de Jung, la psychosynthèse

4. En psychosynthèse, une des techniques consiste, par l'imagerie, à nous faire discuter avec une partie de nous que l'on peut imaginer extérieure à nous-mêmes. De la même façon, deux parties distinctes de nous peuvent discuter ensemble.

5. Je reviendrai au chapitre 12 de la deuxième partie sur la question de l'ombre. Intégrer son ombre est une des grandes tâches de l'être humain.

proposait une explication de la personnalité impliquant une instance, le Soi, qui se définissait comme une partie inconsciente de nous qui sait mieux que nous-mêmes ce dont nous avons besoin. Il était facile de faire correspondre le Soi à l'âme et d'effectuer des envolées religieuses à partir de là. Cependant, ma crise ne me permettait pas de faire ce passage où nous n'étions plus en psychologie mais en spiritualité. Secrètement, toutefois, j'espérais que ce soit réel.

Je me découvris ainsi un grand talent pour l'espérance. Alors que la foi ne se présentait toujours pas à l'horizon, je réalisai que j'avais toujours eu l'espérance que les choses soient vraies. C'est ce qui m'avait toujours guidé et que j'avais nommé « foi » par le passé. Je pouvais adhérer à toutes sortes de façons de voir, portant en moi l'espérance que ce soit vrai sans pour autant y croire.

Je terminai mes études, terminai ma thérapie puis travaillai quelque temps. L'enseignement des sciences de la religion et de la psychologie assorti d'une pratique privée en psychologie me comblaient.

Quelques petites choses de ma personnalité laissées dans le noir par la thérapie précédente m'incitèrent pourtant à m'inscrire non seulement à une nouvelle thérapie mais aussi à une formation pour apprendre les techniques que mon psychologue utilisait. Il s'agissait de techniques d'imagerie, et ma pratique en psychosynthèse fit que je m'y sentais à l'aise. Si à l'aise que j'endossais le discours du groupe à l'effet qu'il s'agissait d'une famille. J'étais loin de me douter que cela aurait un si grand impact par la suite.

En même temps, j'approfondis par moi-même les théories de Jung et de Frankl et je commençai aussi à m'intéresser davantage aux contenus de mes cours de sciences de la religion.

J'étais notamment attiré par le fait que l'on retrouvait des points communs entre la psychologie et les croyances. Ainsi, la notion de sens de la vie de Frankl allait fort bien avec la notion hindoue de « svadharma[6] ». Cela concordait aussi avec la notion de volonté de Dieu véhiculée par le christianisme et celle de destin véhiculée par

6. La place que doit occuper quelqu'un dans le grand ordre du monde.

l'Islam. Je trouvais également attirant que la technique d'observation proposée par la psychosynthèse rejoigne à ce point l'observation des états mentaux bouddhistes.

De plus en plus, je me fascinais pour des éléments religieux qui étaient repris par la psychologie.

Plus encore, j'observais dans mon bureau et dans ma pratique que des gens faisant une démarche à long terme finissaient toujours par en arriver au sens de leur vie et à une certaine forme de spiritualité.

Je m'ouvrais doucement à autre chose.

C'est dans ce contexte que j'avais rencontré une femme. Elle était psychologue, mais ouverte complètement à d'autres dimensions. Des dimensions que je nommais personnellement non scientifiques : homéopathie, esprits, auras, guides, au-delà, médiums... Son contact m'ouvrit davantage et je me mis à espérer qu'il y ait quelque chose au-delà de nous. Et croyez-moi, je battais là mes propres records d'espérance.

Devenue le symbole de cette ouverture nouvelle, je formai un couple avec elle, je lui présentai la « famille » dans laquelle j'évoluais et dans l'espérance totale, complète et insouciante que j'avais trouvé mon âme sœur, je me laissai aller à l'impression très nette que je recommençais ma vie.

Retour au présent : l'homme paradoxal

Revenons maintenant à l'appel que j'avais fait à mon psychologue. Il était clair que cela avait aggravé mon état.

Je ne croyais plus que quoi que ce soit puisse régler mon problème.

Pourtant je m'étonnai de découvrir une envie d'acharnement. C'était peut-être ça, après tout, l'espérance.

Je contactai une autre psychologue pour un suivi. J'y allai quatre fois. Elle était très bien, mais je pouvais deviner ses interventions avant qu'elle ne les fasse. À tous les coups, je pouvais anticiper ses réponses. Pas facile de soigner un psy.

Je contactai aussi un psychologue jungien. Je lui exprimai clairement que je cherchais un sens à ce qui m'arrivait, que je trouvais cela absurde, que ma vie n'était qu'absurdité. Après cinquante minutes d'entretien, il me répondit avec un air profond :

— Dire que c'est absurde, c'est déjà donner un sens au non-sens.

Ce fut la fin des consultations avec lui.

Découragé des psys, ne croyant d'ailleurs plus guère à la psychologie, je pris rendez-vous, contre toutes mes croyances, avec une médium. J'étais par contre bien décidé à ne pas lui donner d'indices de quelque sorte que ce soit.

Elle me reçut dans une pièce de sa maison et j'eus à peine le temps de m'asseoir qu'elle me regarda avec bonté, mais fermeté et me dit :

— Elle est partie, hein ? Elle ne reviendra pas. Je ne sens même plus son énergie autour de toi.

J'éclatai en sanglots. De ces sanglots qui font que l'on cherche sa respiration. Des sanglots que l'on a lorsqu'on se sent tout à coup abandonné, avec la certitude que la personne ne reviendra jamais. Elle attendit que je me calme puis continua, implacable :

— La vie te donne un grand coup de bulldozer parce que tu as la tête trop dure. Tu ne te crois pas, tu ne penses pas à toi et te voilà dans un bien piteux état. Tu devras apprendre à t'aimer et à comprendre que les choses qui t'arrivent sont pour toi et non pour les autres.

Elle continua ainsi pendant une heure, m'expliquant ce qui arrivait, pourquoi ça arrivait et ce qu'il fallait que je fasse : apprendre à vivre seul, pour moi, sans compter sur personne.

Je sortis néanmoins défait de cette consultation qui n'était pas pour me rassurer. Je ne croyais pas que je pouvais apprendre à vivre seul. À 55 ans, je croyais plutôt que ma vie était terminée.

Pourtant, ma foutue espérance ne baissait pas les bras même si moi, je les baissais doucement. Il me prenait plusieurs fois par jour des crises de douleur morale intense, malgré les médicaments que je prenais toujours. Et je passais ces crises en boule, couché dans la salle de bain, allez savoir pourquoi, à hurler ma souffrance:

— Faut que ça s'arrête. Je n'en peux plus. C'est assez. Je veux mourir.

Parfois, cela se transformait en colère contre Dieu. Celui auquel je ne croyais pas, mais dont j'espérais l'existence. Dans ces moments-là, je restais debout. Mais je hurlais encore plus fort en regardant au ciel, le doigt pointé vers le haut:

— C'est toi, l'imbécile qui a fait la vie comme ça? Tu trouves ça drôle, peut-être? J'imagine que toi et ta gang, vous avez beaucoup de plaisir à me regarder en baver comme ça? Et la compassion, ça a été inventé pour les chiens? Aucune compassion, hein? Et ça ose s'appeler un Dieu! Tu me fais chier, c'est clair? Faut que je le crie plus fort pour que tu écoutes? Tu... me... fais... chier!

Depuis quelque temps, l'idée du suicide me paraissait être une bonne option pour m'en sortir. Jour après jour, cette idée devint un peu plus présente dans ma tête. J'ai alors commencé à me faire un plan qui, au fil du temps, devenait de plus en plus précis et concret: lancé à toute allure devant un gros camion, ça serait instantané. Avec un peu de chance, ça ne ferait pas mal. Je ruminai ça pendant quelque temps puis l'idée devint omniprésente en moi. Un matin, je résolus que c'était aujourd'hui.

Dans un dernier élan d'espérance, je trouvai le numéro d'une femme qui faisait des traitements énergétiques et qui m'avait été présentée par mon ex. Je ne croyais pas, encore une fois, quelle puisse faire quoi que ce soit à ma douleur, mais j'avais besoin, avant de commettre mon acte d'autodestruction finale, de pouvoir me dire que j'avais tout essayé.

Elle était en vacances mais à la maison et entendit mon appel, comprit que c'était urgent et accepta de me recevoir sur-le-champ.

J'avais donné un ultimatum à l'univers ! C'était la dernière journée que je souffrais comme ça ! Si je ne revenais pas de chez elle en me sentant vraiment mieux, le camion serait l'alternative et je ne me rendrais pas à la maison ! C'était trop, et c'était fini.

Elle me fit un « traitement » qui consistait seulement, pour un néophyte comme moi, à passer ses mains au-dessus de moi pendant une heure. Puis, s'assoyant avec moi, elle me dit :

— Jean, tu ne peux pas te suicider. Si tu fais ça, tu vas revenir et, qui sait, ce sera peut-être pire la prochaine fois. Il faut au contraire que tu passes au travers. Je connais une technique de régression dans les vies antérieures qui pourrait t'aider, à condition de pouvoir nommer ta blessure. Ta réaction est trop forte. Tu es sans doute lié à cette femme par des vies antérieures et il y a quelque chose à régler ici par rapport à ça. Une sorte de karma à liquider entre vous deux.

Honnêtement, je n'en croyais pas mes oreilles.

J'étais psychologue. J'étais habitué à des techniques qui ont fait leurs preuves scientifiquement. J'étais rompu à ces techniques et ne jurait que par elles.

Pourtant, je me devais d'admettre que ses paroles mettaient en moi une lueur d'espoir, ranimait l'espérance qui s'était presqu'éteinte.

Je me dis instantanément et simultanément que je devais être très vulnérable pour embarquer dans des conneries pareilles et que je ne risquais rien non plus à essayer du nouveau alors que j'étais rendu à m'enlever la vie. J'acceptai donc sa proposition et nous convînmes que dans deux jours, on ferait la régression.

Ce jour-là, pour la première fois, la douleur était moins intense. Jusqu'au jour de la régression, je n'eus plus de crises. Je me présentai deux jours plus tard pour une séance qui travaillerait l'abandon… et qui fut suivie de quatre autres séances sur la trahison, l'humiliation, l'injustice et le rejet[7].

---

7. J'avais alors lu le livre de Lise Bourbeau : *Les cinq blessures qui empêchent d'être soi-même*. Comme je m'étais reconnu dans toutes, il me semblait judicieux d'utiliser ce vocabulaire.

Ce n'était pas de l'hypnose. Ce n'était que de l'imagerie. Or, je travaillais avec l'imagerie. J'étais donc très à l'aise de laisser mon imagination fabriquer images et événements. Dans ces images, j'étais effectivement lié à mon ex-conjointe. À chaque fois.

Quand je faisais une régression, je demeurais pourtant perplexe sur la part de réel et d'imagination de l'exercice. Pour moi, à vrai dire, j'avais simplement beaucoup d'imagination. Mais je connaissais la puissance des images et je devais avouer que cela me faisait beaucoup de bien.

Peu à peu, d'ailleurs, une idée me traversait la tête. Je la trouvais farfelue mais elle rendait bien compte du mieux-être que m'apportaient les régressions. J'imaginais des blessures causées dans d'autres vies. Des « vies antérieures ». La psychothérapie traditionnelle n'aurait pas de prise sur ces dernières. Il faudrait donc d'autres moyens pour les soigner.

Il s'agissait bien sûr d'une croyance et je m'étonnais moi-même d'en émettre l'hypothèse. Cependant, si j'avais raison, cela expliquait non seulement les résultats des régressions mais aussi le fait que la psychothérapie conventionnelle ne m'ait été d'aucune utilité pour la situation actuelle.

Fort de cette intuition, je consultai alors une femme qui se faisait appeler « médium-thérapeute » et dont c'était le rôle de faire ce travail. Encore une fois, je m'en retrouvai bien. À chaque fois.

Permettez-moi, en bon sceptique, de dire aussi que le bien-être ressenti dans ces consultations pouvait très bien provenir d'une sorte d'effet placebo et que le simple fait que des femmes s'occupent de moi suffisait peut-être à calmer ma détresse.

Par contre, je dois dire aussi que peu m'importait les raisons pour lesquelles je me sentais mieux. Pour moi, ce qui comptait vraiment, c'étaient les résultats.

Durant tout ce cheminement, j'étais constamment aux prises avec un paradoxe. L'homme, psychologue, sceptique, scientifique consultait des personnes non scientifiques, non psychologues et complètement tournées vers un au-delà auquel lui-même ne croyait pas.

Je n'arrivais pas à basculer d'un côté ou de l'autre. Et je savais pourtant que ces deux sphères s'opposaient.

Au fil des semaines et des mois, à mesure de ces «traitements» non orthodoxes, je commençai à remonter la pente. Je ne voyais toujours pas de sens réel à tout ce qui m'arrivait, je devais faire des acrobaties pour arriver à payer les factures, mais mon cerveau commençait à reprendre le dessus. Je veux dire mon cerveau capable de raisonner et non le hamster inutile qui s'était déchaîné dans mon crâne lors de mes débuts dans cette galère.

Il commençait notamment à me revenir des notions apprises en sciences de la religion et qui n'avaient pas eu jusque-là de sens particulier ni d'impact notable pour moi. Par exemple, le fait que chez les Orientaux, les choses ne soient pas divisées en noir et en blanc et déclinées en tons de gris comme en Occident. Elles pouvaient être à la fois noires et blanches. Il était possible ainsi de maintenir en même temps deux contraires.

Cela n'était pas sans me rappeler la psychosynthèse où l'on pouvait trouver des parties de nous-mêmes contradictoires et réussir à les intégrer.

Il me venait également la théorie de Jung. Des parties de nous-mêmes étaient reléguées dans l'Inconscient parce qu'elles étaient contraires à ce que l'on voulait être. Un jour ou l'autre, elles devaient être intégrées. Était-ce ce qui m'arrivait?

Lentement, une hypothèse surgit dans mon cerveau sous la forme d'un questionnement: *et si le paradoxe était la réalité?* Si, plutôt que de choisir entre deux côtés contradictoires, on devait maintenir ensemble ces deux côtés?

Une sorte d'éclairage commença à poindre en moi. Les paradoxes n'avaient peut-être pas à être résolus, mais intégrés. Il me semblait que cela enlevait beaucoup à mon tiraillement intérieur. Peut-être n'avais-je pas à faire disparaître le «sceptique» au profit d'un «croyant» ou plutôt d'un «espérant» qui lorgnait du côté des croyances réincarnationnistes.

Je ne mesurais pas encore la portée de cette prise de conscience – car cela en était une – et je commençai à cesser de m'en faire avec mes propres paradoxes.

Intégrer les contraires. Maintenir ensemble amour et haine, croyance et incroyance, noir et blanc, yin et yang, ombre et lumière.

C'était une piste qui m'animait beaucoup, mais j'étais encore bien loin d'y arriver.

CHAPITRE 2

L'obsession d'apprendre

Il n'y a qu'une seule manière de débuter dans le savoir et sa saveur :
C'est d'en être ébloui ! Tout ce qui ne commence pas
par un éblouissement n'a pas d'avenir.

CHRISTIANE SINGER[8]

J'étais encore très souvent du côté de l'ombre et le « dieu anxiolytique » faisait admirablement bien son travail. Heureusement.

L'homme boulimique

Il me prit alors une envie de lire.

Je commençai par un livre de Guy Corneau. Cela me semblait plus sage que des livres de « spiritualité ». Je lisais *Le meilleur de soi*[9] et j'appréciais particulièrement la manière de voir de l'auteur lorsque je réalisai qu'il faisait régulièrement référence à des personnes peu

8. Singer, Christiane. *N'oublie pas les chevaux écumants du passé.* Le livre de poche, Albin Michel, 2005.

9. Corneau, Guy. *Le meilleur de soi.* Éditions de l'Homme, réimpression 2009.

orthodoxes. Des auteurs comme Marie Lise Labonté, connue pour ses livres à saveur psychologique en tant que thérapeute mais aussi pour ses « canalisations » des Anges Xédah et de l'Archange Michaël (rien de moins). D'autres aussi comme Deepak Chopra, connu et critiqué abondamment des sceptiques pour sa « médecine » peu conventionnelle.

Le fait que Guy Corneau que je trouvais sérieux ose nommer ce genre d'auteurs dans son livre déclencha une sorte de compulsion, de boulimie de lectures plus spirituelles qui me fit accélérer mon cheminement.

Je lus d'abord Eckhart Tolle[10]. Contrairement à une grande majorité, je ne fus pas attiré plus que ça par ce qu'il disait. Je n'étais pas à l'aise avec sa manière de raconter son histoire. Pour moi, c'était insinuer qu'il avait atteint un état permanent de bonheur et je n'y croyais pas. Mon côté « sceptique » se demandait bien ce que ses « corps de souffrance » allaient lui faire vivre s'il se tapait le pouce avec un gros marteau. De plus, le contenu de son livre ressemblait davantage à une sorte de reprise du bouddhisme qu'à autre chose.

Qu'à cela ne tienne, je me procurai alors *Plaidoyer pour le bonheur* de Matthieu Ricard[11] en me disant que tant qu'à lire du bouddhisme, mieux valait que ce soit écrit par un moine. Et puis je n'étais pas heureux. Il savait peut-être quelque chose sur le bonheur que j'ignorais.

C'est lors de cette lecture que je repris contact avec ce que je savais de la psychosynthèse. On pouvait désidentifier ses états. On pouvait arriver à les observer d'un autre point de vue que celui de la souffrance. Une partie de moi souffrait mais ce n'était pas moi au complet qui souffrait. Cela faisait du sens d'autant plus que je me rappelais une phrase de Lao-Tzeu qui m'avait frappé à une certaine époque, mais dont je n'avais jamais mesuré la profondeur jusqu'à maintenant:

10. Tolle, Eckhart. *Le pouvoir du moment présent*. Ariane, 2000.

11. Ricard, Matthieu. *Plaidoyer pour le bonheur*. Nil, réédition 2003

« Le sage ne va pas mal, c'est son mal qui va mal. Quant à lui-même, il va fort bien[12]*. »*

Je recommençai donc à faire des exercices de désidentification en même temps que je continuai à lire tout ce qui m'attirait.

Et tout ce qui m'attirait était classé « bizarre » dans ma tête de « sceptique ». Mais je lisais. À une vitesse incroyable. Je passais facilement cinq ou six livres par semaine. Je retournais en librairie pour en acheter d'autres. Une sorte de frénésie m'envahissait. J'avais l'impression d'approcher d'une explication. Mais je ne savais absolument pas laquelle... jusqu'à ce que je tombe sur le livre de Sylvie Ouellet.

Sylvie Ouellet et le Talmud

Je fouillais la librairie de mon patelin à la recherche de nouvelles lectures lorsque je tombai sur *Bienvenue sur terre* de Sylvie Ouellet[13]. J'avais déjà vu son nom quelque part et je savais qu'il s'agissait d'une notaire devenue médium. Cela ne disait rien qui vaille à mon cœur de « sceptique ». Après tout, j'avais beau m'ouvrir à autre chose, il ne fallait tout de même pas exagérer. Mais ce livre m'attirait.

En quatrième de couverture, on annonçait qu'elle expliquait le processus de l'incarnation. Ouais... Ça m'intéressait. Ça m'intéressait d'autant plus que je n'avais toujours pas trouvé ce que j'étais venu foutre sur la terre. Si la vie avait un sens, je me demandais bien ce qu'il était pour moi qui continuais toujours à me voir, à 55 ans, un peu perdu dans l'absurdité et convaincu de toute façon que j'étais trop vieux pour recommencer quoi que ce soit.

J'avais même commencé un journal que j'avais intitulé : « journal de l'absurde » et dans lequel j'inscrivais tout ce qui m'arrivait et qui était hallucinant parfois. Pour vous donner un exemple, je devais un jour aller porter à ma fille, qui devait fêter son anniversaire au cours de la semaine, deux « tapis de danse » que l'on branche dans les consoles de

12. Lao-Tzeu. *La Voie et sa vertu – Tao-tê-king*. Éditions du Seuil, Collection Points Sagesses 16, 1979, p. 161.

13. Ouellet, Sylvie. *Bienvenue sur terre*. Le Dauphin Blanc, 2008.

jeux vidéo. Jusque-là, ce n'était qu'un petit parcours de trente minutes qui ne semblait pas poser de problème. Dans une heure tout au plus, je serais rentré. Sauf que lorsque je sortis de la maison, je constatai qu'un pneu était à plat. Une fois réglé ce problème, je manquai d'essence et dus transporter un bidon à pied du garage à la maison. En route, un caillou expulsé par la voiture qui me précédait vint faire un trou dans mon pare-brise. Comme si cela n'était pas suffisant, je réalisai, alors que j'étais presqu'arrivé à destination, que j'avais oublié les fameux tapis à la maison. Je dus rebrousser chemin et y retourner. Ce qui devait prendre une heure en prit près de cinq. Et c'était comme ça presque tous les jours.

C'est donc dans l'absurdité la plus totale que j'achetai le livre de Sylvie Ouellet et que je commençai ma lecture, avide de savoir sérieusement comment cette « médium-notaire » voyait cette arrivée sur terre en même temps que mon côté « sceptique » s'amusait aussi en se disant: « Je ne sais pas si elle va nous présenter ça comme un contrat notarié ! »

C'était effectivement un contrat. Passé avec soi-même. Un projet. Un apprentissage. Elle décrivait l'incarnation comme une mort. Là-dessus, j'étais bien d'accord avec elle. Elle décrivait aussi cette étroitesse dans laquelle on se retrouve lorsqu'on prend un corps physique. C'était à la fois dramatique et beau. C'était magnifique. Mais surtout, ça avait un sens !

C'était d'ailleurs profondément étrange. Je n'y croyais pas et j'y croyais en même temps. C'était mon espérance qui renaissait. Je me disais : « Comme ce serait génial si c'était vrai ! »

Il me revint des notions que j'avais apprises au sujet du judaïsme. Sans être tout à fait semblable, la légende juive reprenait un peu des idées de Sylvie Ouellet.

Selon le Talmud[14], en effet, il existe au paradis un arbre des âmes. Les fleurs de cet arbre donnent des âmes qui mûrissent et tombent ensuite dans le trésor des âmes.

14. Le Talmud est un livre sacré juif qui commente la Torah (la Bible).

Lorsque vient le temps pour un homme et une femme d'enfanter, l'ange Gabriel va puiser une âme dans le trésor des âmes et l'apporte à Lailah, l'ange de la conception qui ordonne à l'âme d'entrer dans la semence. Au début, l'âme refuse, car elle se souvient de la douleur de la vie terrestre et préfère rester pure. Mais Lailah a le pouvoir de l'obliger.

Lailah implante alors l'âme dans le ventre de celle qui deviendra sa mère, allume une bougie à sa tête pour que l'âme puisse voir d'un bout du monde à l'autre et lui enseigne tous les secrets de l'univers et l'histoire de son âme.

Lorsque vient le temps de la naissance, l'ange Lailah éteint la bougie et donne une petite tape sur la bouche de l'enfant en lui murmurant : « oublie ! » C'est là, d'ailleurs, l'origine du creux sur notre lèvre supérieure.

L'âme naît alors et entreprend son voyage. Un voyage où elle aura à se rappeler à travers ce qu'elle a à faire, ce qu'elle est vraiment. Un voyage où elle aura à redécouvrir ce qu'on lui a enseigné tout au long de la gestation.

Certains pensent que l'âme elle-même a participé à l'élaboration de son projet de vie. Certains autres que Dieu lui a assigné ce projet. Mais quoi qu'il en soit, et pour beaucoup de traditions religieuses ou spirituelles, nous ne serions pas de ce monde. Nous viendrions d'ailleurs.

L'allégorie de l'ange Lailah m'avait toujours fait de l'effet. Évidemment, je n'y croyais pas non plus mais je trouvais que c'était une belle histoire. L'âme avait une destinée qui s'insérait à l'intérieur de l'histoire du monde. Cela rejoignait aussi la notion hindoue de « svadharma » et la notion de volonté de Dieu du christianisme.

Je relus le livre de Sylvie Ouellet deux fois, mettant en correspondance ce que je savais déjà et ce qu'elle y disait. Peu à peu, je me constituais une version personnelle tirée de l'ensemble de ces notions.

Ce qui m'excitait particulièrement dans toute cette histoire, c'était que cela donnait du pouvoir.

Si j'avais choisi de venir en ce monde et que j'avais planifié à la fois mes parents, mes rencontres et mes choix de vie, la question de sens de la vie devenait différente. Il ne s'agissait plus de greffer un sens extérieur à ma vie, mais plutôt de reprendre du début l'ensemble de celle-ci : pourquoi m'étais-je donné des parents comme ceux-là, pourquoi avais-je fait des rencontres tout au long de ma vie qui, au final, m'avaient précipité dans l'abîme, que me restait-il à faire ici, quels étaient mes enjeux et surtout, quelle était cette fameuse mission que je devais avoir ?

C'était encore bien flou, mais je sentais que je tenais quelque chose.

Le « sceptique » en moi n'allait pourtant pas gober tout cela sans rien dire. Il réagit d'ailleurs avec force : « C'est des conneries, tout ça ! »

Le sens pratique l'emporte sur la philosophie

Habitué aux exercices de désidentification de la psychosynthèse, je me mis en position pour que celui que j'appelais le « sceptique » puisse discuter avec l'autre, que j'appelais l' « espérant ».

— C'est des conneries, tout ça ! Quel pouvoir ça donne, de croire à des machins qui vont encore te foutre dans la merde ?

— Pourquoi ça me mettrait dans la merde ? J'y suis déjà, dans la merde. On peut bien s'accrocher à quelque chose de positif pour une fois.

— De positif ! Tu vois ça positif, toi, l'idée que tu t'es donné une vie de merde, que tu vas crever seul et ruiné et que, par-dessus le marché, c'est de ta faute ? Tu peux me dire ce qu'il y a de positif là-dedans ?

— Si j'ai choisi cette vie, c'est qu'elle avait un sens que je n'ai pas encore découvert. J'imagine que je n'étais pas con au point de me dire : tiens, je vais me donner une vie de merde pour voir ce que ça fait.

— Une belle béquille, ça. Et ça va changer quoi à ta vie ? Tu as 55 ans, bonhomme. T'es fini. Point !

— Ben si c'est une béquille qui me permette de marcher, de trouver quelque chose de beau à la vie et qui me permette justement de ne pas crever en étant malheureux, c'est une belle béquille je trouve et je m'en fous pas mal que ça soit une béquille.

— Bon, bon, bon... Tu ne lâcheras pas, hein ? Tu crois vraiment que ça peut marcher. Et si ce n'est pas vrai tout ça ?

— On s'en fout que ça soit vrai ou pas, si ça marche. Si ça permet de donner un sens à sa vie et de vivre ce qui me reste à vivre heureux, on s'en fout vraiment complètement que ça soit vrai ou pas !

Et le sceptique se tut ! Il venait de lui revenir une phrase qu'il avait lue jadis au sujet du « pari de Pascal ».

Vous connaissez Pascal ? Blaise Pascal est un mathématicien du 17e siècle, célèbre notamment pour son fameux « pari » dans lequel il énonce à propos de Dieu que, ne sachant pas s'il existe ou pas, on a tout à gagner à y croire.

> *Estimons ces deux cas : si vous gagnez, vous gagnez tout ; si vous perdez, vous ne perdez rien. Gagez donc qu'il est, sans hésiter*[15].

Bien sûr, on a critiqué Pascal, argumentant que mieux valait une vraie foi qu'un simple calcul et que la vie spirituelle n'était pas une question de pari.

Seulement voilà.

Je suis quelqu'un de pratique. Il y a à l'intérieur de moi un « sceptique » et un « espérant ». Et les deux aiment ce qui marche pour vrai. Je résolus donc à partir de là de me fournir une explication de ma vie sur terre incluant des idées plus spirituelles. Désormais, je ne me préoccuperais pas de savoir si ces idées étaient vraies ou pas. Mon seul critère serait que ça fonctionne et me rende heureux. Que ça me donne

15. Pascal, Blaise. *Pensées*. Nouvelle édition illustrée et annotée par Henri Massis, Audin, Paris, 1949, p. 195.

une façon de vivre épanouissante et, pourquoi pas, géniale. Une vie concrète, sur le plancher des vaches.

Y avait-il réincarnation ? Y avait-il résurrection ? Y avait-il une vie après la mort ? Je n'en savais fichtre rien. Et je m'en foutais désormais. Parce que peu importe les autres vies que j'avais pu vivre auparavant, c'était celle que je vivais maintenant qui m'importait.

J'ai donc choisi de faire « comme si c'était vrai » et de voir ce qui allait se passer.

CHAPITRE 3

L'intégration des contraires

C'est le paradoxe absolu : dans une perte totale,
tu touches ce qu'est ton être véritable.

CHRISTIANE SINGER[16]

Le « sceptique » et l'« espérant » s'intègrent

J'avais donc déjà accepté de faire comme si j'avais choisi ma vie, comme si c'était moi qui avais déterminé ce chemin, tout en maintenant qu'il était fort possible que ce soit faux.

C'était familier pour le « sceptique » en moi. En sciences, on appelait cela un postulat : une affirmation que l'on tient pour vraie sans avoir besoin de la démontrer. « Supposons que cela est vrai, voyons ce qui se passe ensuite. » D'une certaine façon, j'étais à mon aise avec cette idée.

Je continuai donc à lire, à apprendre, à mettre ensemble des notions nouvelles avec des plus vieilles qui avaient fait partie, jadis, de mes

16. Singer, Christiane. L'enfantement, l'éros et la vieillesse. In : *Nouvelles Clés*. Propos recueillis par Patrice van Eersel. Disponible en ligne : [http://www.cles.com/debats-entretiens/article/l-enfantement-l-eros-et-la-vieillesse].

formations. Le psychologue et le religiologue « sceptiques » amenaient curieusement les vieilles notions à l'« espérant » pour qu'il puisse les mettre avec ce qui semblait nouveau. J'appelais ça « vivre mon paradoxe ». Et j'aimais ça.

J'eus alors l'hypothèse que je vivais en moi quelque chose de partagé par une partie du monde. Qu'il y avait eu un temps dans l'histoire pour la foi, un autre pour la raison et que désormais, nous allions vers autre chose : la réunification de la foi et de la raison.

Les livres que je lisais faisaient référence à une nouvelle façon de voir. Une façon plus englobante où le discours de la foi rejoindrait celui de la raison. C'était troublant, mais excitant aussi. Je n'avais jamais vu cela de cette façon.

Les cours d'histoire que j'avais suivis dans le passé revenaient à ma mémoire.

La foi avait toujours été le domaine de l'incompris et de l'inconnu. En faisant une divinité à partir des mystères de la nature que nous ne comprenions pas, nous avions ainsi non seulement créé un dieu, mais aussi préparé sa contestation en ce sens qu'il était inévitable que ce dieu perde du terrain à mesure que la raison expliquerait les phénomènes naturels.

Or, un dieu qui n'était là que pour expliquer ce que la science ne comprenait pas était voué à disparaître en fonction des progrès scientifiques. Il ne pouvait pas être viable.

Avec la Renaissance et le développement de la rationalité, c'est ce qui se passa. Une tension de plus en plus grande se fit sentir entre la foi et la raison. Et la foi, maintenant organisée en institutions, déclara la guerre à la raison, accentuant ainsi un divorce inévitable. Incapable de dépasser une explication enfantine du monde conçue à travers la Bible, la foi empêcha notamment Galilée d'enseigner ses théories, perçues comme menaçantes, et imposa une censure qui, inévitablement, se retournerait contre elle un jour.

C'est à partir de cette époque que la foi perdit du terrain, qu'on vit l'apparition de ce que l'on nommait l'« athéisme » et que la raison devint la manière privilégiée d'aborder le monde à travers la science et la méthode d'observation objective des phénomènes naturels.

Plus les lois de la nature étaient expliquées, moins on avait besoin d'un dieu pour suppléer à notre ignorance. Et il devint clair qu'un jour, on expliquerait tout.

Le « sceptique » en moi se disait : bien sûr, c'est évident.

Une certaine forme de philosophie en vint naturellement à croire que l'homme ultime, héroïque, était celui qui pouvait vivre sa vie sans la béquille d'un dieu et sans la perspective d'une vie après la mort.

La foi fut donc reléguée dans l'anonymat des cœurs, mais ne disparut pas. Les religions institutionnelles perdirent du terrain au profit d'une société laïque où « parler d'un Dieu » devint le nouveau péché.

En me rappelant ces éléments de l'histoire, je me disais que c'était un peu là que nous en étions au Québec. Notre vision de la laïcité polarise le débat. Pour les uns, la laïcité est un fléau à combattre, pour les autres, la religion est un endoctrinement insupportable qu'il faut à tout prix éradiquer du domaine public.

Je reconnaissais ainsi en moi cette lutte entre le « sceptique » et l'« espérant ». En même temps, au contact de cette nouvelle littérature que j'ingurgitais en boulimique, j'apprenais de nouvelles choses. Des choses dont je me servis par la suite afin d'intégrer mes deux côtés.

En fait, on se rend compte que la science n'explique pas tout et n'arrivera sans doute pas à tout expliquer un jour. On s'aperçoit aussi que la foi existe encore, malgré les efforts d'évacuation faits par la raison, et que, malgré tout, bien des scientifiques, forcément athées dans leurs méthodes, sont néanmoins croyants dans leur vie privée.

La science, à mesure qu'elle avance, découvre aussi que non seulement sa connaissance du monde est limitée, mais qu'elle doit également s'ouvrir aux paradoxes pour en comprendre les mécanismes.

Nous savons maintenant, par exemple, qu'il y a une différence énorme entre la masse de l'univers calculée selon une méthode et calculée selon une autre. Les scientifiques nomment « matière noire » cette différence, jusqu'ici inobservable qui ferait que « le vide ne serait pas vide ». Nous savons aussi qu'une particule de matière n'a pas le même comportement, qu'on l'observe ou qu'on ne l'observe pas, qu'elle semble capable d'être à deux endroits en même temps, qu'elle peut interagir instantanément à des distances phénoménales avec une autre, ce qui est impossible selon les lois de la physique traditionnelle.

Les paradoxes semblent être maintenant un chemin intéressant comme source de recherche de vérité.

Or, alors que nous répugnons à maintenir des paradoxes dans notre esprit et que nous aimons davantage les choses claires, nettes et bien définies, la philosophie et la religion nous ont pourtant servi ces paradoxes depuis le début des temps. « Celui qui veut sauver sa vie la perdra », dit Jésus. Il y a toujours du masculin dans le féminin et du féminin dans le masculin, enseigne le taoïsme. Tout n'est qu'illusion, nous raconte le bouddhisme.

Il semble donc que la pensée moderne doive quitter l'univers du dichotomique (noir ou blanc) pour aller maintenant vers l'univers du paradoxal (noir et blanc en même temps) afin de s'ouvrir davantage à la réalité.

Je me dis que c'était tout à fait ça que je vivais.

Plutôt que de considérer le développement de la spiritualité comme la béquille des faibles incapables d'affronter la non-existence de Dieu, il serait peut-être temps d'envisager cette dernière comme, au contraire, une version plus aboutie de l'humain qui, loin des croyances superstitieuses de ses ancêtres, s'ouvre davantage aux paradoxes et à une réalité qui dépasse de très loin l'observable.

La spiritualité est une dimension de plus en plus r
humain. Non pas la religion au sens d'un système de
fiques, mais un élan transcendant et intérieur qui porte
que sa petite personne ancrée sur terre. Une vision qu
y a plus que ce que nous voyons et qui ouvre à des dir ...us
profondes en nous.

C'était là que j'en étais dans mes réflexions lorsque je me souvins que, comme thérapeute, j'avais eu le privilège de voir des gens évoluer vers la spiritualité d'une façon quasi systématique. Pour peu qu'ils soient venus en thérapie dans une optique de développement personnel et non seulement pour soigner un problème spécifique, ces gens finissaient toujours par déboucher sur la question du « plus que ça ».

Y a-t-il « plus que ça » ? demandaient-ils inévitablement. Pourquoi suis-je sur terre, qu'y fais-je, suis-je vraiment libre, y a-t-il un sens à ma vie que je n'ai pas encore trouvé, est-ce que ma vie s'arrête à ce que je fais présentement, est-ce que je ne suis que ce que je vois ?

Autant de questions qui non seulement les préoccupaient, mais qui devenaient vitales à un certain moment de leur développement. Comme s'ils ne pouvaient aller plus loin sans se poser ces questions. Comme s'ils se voyaient bloqués s'ils n'allaient pas au-delà de ce qu'ils pouvaient voir. Comme s'ils ne pouvaient plus avancer sans se situer dans l'univers d'une façon plus large que leur simple vie matérielle.

Or, transcender le connu et l'observable, le « matériel » au sens scientifique du mot, c'est poser la question de la foi… ou du spirituel. Et lorsqu'on pose la question de la foi, beaucoup entendent à tort la question de la religion. Du coup, le spirituel, le religieux, le sacré deviennent des notions qui s'entremêlent.

Dans ma propre expérience thérapeutique, les clients qui parvenaient à intégrer une certaine forme de spiritualité dans leur développement étaient d'ailleurs très loin du modèle réducteur de l'humain archaïque qui explique par Dieu tout ce qu'il ne comprend pas. Ils étaient au contraire des gens présentant des hauts niveaux de souplesse, de capacité d'adaptation, d'ouverture au monde, de non-jugement et de compassion. Ils étaient, j'ose le dire, la version la plus aboutie de l'être humain qu'il m'ait été donné de voir.

C'était un choc. Comment, jusque-là, avais-je pu passer à côté de cela ? J'avais moi-même accompagné ces clients dans leur cheminement et je n'avais jamais pris pour moi-même les conclusions auxquelles ils parvenaient.

C'est en lisant Scott Peck[17] que je compris cela plus clairement.

La naissance de l'homme spirituel

Peck m'est apparu tout d'abord comme un homme étrange. Toute la première partie du livre que je lisais faisait l'éloge de la raison. Cela convenait fort bien au « sceptique ». Psychiatre de formation, il était rompu à la méthode scientifique et je me reconnaissais très bien dans son discours et dans son raisonnement. Pourtant, il intégrait dans ce discours des pensées plus spirituelles. Il poussait même la chose jusqu'à affirmer qu'il s'identifiait à l'Église catholique, ce qui, pour moi, était insupportable compte tenu de mes propres expériences.

Je ne comprenais pas comment il faisait pour maintenir ensemble et surtout pour trouver logique le fait d'être un « scientifique catholique ».

J'avais déjà observé cet étrange phénomène chez Christiane Singer à la lecture de plusieurs de ses livres. Elle ne répugnait pas à se déclarer humaniste en même temps qu'elle acceptait de communier au « corps du Christ » des mains d'un prêtre catholique, qu'elle faisait de la méditation bouddhiste tout en étant confortable avec une cérémonie de sacrifices hindoue[18].

En fait, ce qui me troublait, c'était que je reconnaissais dans ces personnages, tant Peck que Singer, une profondeur jusque-là inégalée dans mes lectures. Je buvais littéralement leurs paroles. Ils avaient sans doute compris la profondeur de ce que j'appelais l'intégration des contraires puisqu'ils semblaient à l'aise avec ces contradictions alors que j'en étais à mes premiers balbutiements.

---

17. Peck, M. Scott. *Au-delà du chemin le moins fréquenté*. J'ai lu, 2004.

18. Singer, Christiane. *Derniers fragments d'un long voyage*. Albin Michel, 2007.

Peck me donna la clé que je cherchais en rapportant dans son livre une publication du théologien James Fowler[19] sur les stades du développement psychospirituel. Fowler y énonçait une théorie fort intéressante du développement de la spiritualité.

Selon lui, ce développement passait par différents stades qui n'étaient pas sans me rappeler les stades de développement moral de Kohlberg[20], bien connu en psychologie. Puisque je pouvais y rattacher des théories de psychologie connues, cela aidait d'ailleurs ma partie « sceptique » à accepter avec moins de méfiance ce que Peck affirmait. En même temps, Fowler était théologien. Cela confortait mon côté « espérant ».

Ce que je trouvais particulièrement intéressant, c'était que dans les deux cas, (Fowler et Kohlberg), l'humain avançait vers une plus grande autonomie de pensée et se détachait ainsi des pensées toutes faites des philosophies, des morales et des religions.

Fowler nommait « stades de la foi » (stages of faith) les étapes de cette évolution alors que Peck, en les réaménageant, parlait plutôt de « stades de développement psychospirituel ». L'expression de Peck me convenait beaucoup mieux, le mot « foi » restant toujours louche pour moi alors que le mot « psychospirituel » me semblait aller dans le sens de l'intégration des contraires, notion que j'appréciais de plus en plus. J'adoptai donc le résumé et le vocabulaire de Peck plutôt que le texte intégral de Fowler.

Au premier stade de développement psychospirituel, Peck parlait d'une pensée plus chaotique où les croyances sont celles que l'enfant a entendues, souvent de la bouche de ses parents. La pensée magique prédominait et on se souciait très peu du réalisme des croyances. En

19. Fowler, James. *Stages of Faith : The Psychology of Human Development and the Quest for Meaning*. HarperOne, 1981.

20. Leleux, Claudine, « Théorie du développement moral chez Lawrence Kohlberg et ses critiques (Gilligan et Habermas) », in : Ferry, Jean-Marc et Boris Libois, dir., *Pour une éducation postnationale*, Bruxelles, 2003, Éditions de l'Université de Bruxelles, coll. Philosophie et Société, p. 111-128.

fait, il n'y avait pas de système organisé de croyances. Cela correspondait aussi au stade préconventionnel de Kohlberg où l'enfant, peu conscient des conventions, agit simplement pour éviter les punitions ou obtenir des récompenses.

Au deuxième stade, que Peck nommait fondamentaliste, la croyance était entièrement dominée par les écrits religieux au sens littéral. On trouvait ici la plupart des gens religieux et aussi la plupart des « fondamentalistes ». Ce qui comptait, c'était la loi. On ne se dégageait pas de cette loi à laquelle il fallait obéir aveuglément. On ne cherchait pas de sens plus grand que ce qui était écrit. Cela correspondait au stade conventionnel de Kohlberg où l'ensemble de notre réflexion morale dépend alors d'une seule chose : est-ce que cela respecte la loi ? Est-ce que cela satisfait à l'ordre social ? Bien que ce stade soit défini pour les 10 à 15 ans, plusieurs personnes s'arrêtaient là, confortées par la sécurité d'être reconnues comme adéquates par la société. Je jubilais. Je reconnaissais ici parfaitement mes premières quarante années de vie. Je me voyais agir, penser, enseigner, donner des conférences. J'avais passé toutes ces années au stade deux.

Le troisième stade de développement psychospirituel était le stade sceptique. En lisant cela, j'éclatai de rire. J'étais donc avancé en ne croyant à rien ? Cela me semblait fort intéressant.

C'est ici que se retrouvaient la plupart des incroyants et des athées. C'était un stade caractérisé par le rationnel et l'esprit scientifique. On doutait de façon systématique de toute forme de croyance et on privilégiait ce qui apparaissait démontré et sûr. C'était tout moi.

Cependant, on continuait à privilégier le doute concernant la spiritualité et les croyances. C'était toujours moi.

Cela s'apparentait au stade 5 de Kohlberg où la personne était encore régie par les règles sociales mais pour une autre raison. Celle de son engagement personnel envers les individus de son entourage. C'était le stade du contrat social, propre aux jeunes adultes. Ici, on ne respectait pas les règles parce que c'étaient les règles mais parce qu'elles pouvaient apporter des bienfaits à chacun. La plupart des gens s'arrêteraient là, selon Kohlberg.

Je me dis que je ne voulais pas arrêter. Je me dis aussi que si j'arrêtais là, je finirais par retrouver ma rigidité et régresserais inexorablement à nouveau vers le stade 2. Parce que dans la mesure où ce doute devenait certitude, on n'était plus au stade 3 mais au stade 2, plus rigide. Je me dis alors que les athées pour qui toute forme de religion ou de spiritualité est forcément l'apanage de gens bornés sont rigides et font ainsi partie du stade 2. Comme si on pouvait dire alors que leur « non-foi » est leur croyance.

Le quatrième stade, que Peck nommait « mystique », était le stade où il n'y avait plus du tout de rigidité. La raison était en voie d'être réconciliée avec le spirituel, on était dans l'ouverture en étant capable d'envisager que la science ne réglait pas tout et que, d'une certaine façon, on pouvait « douter de nos doutes ». Cela correspondait au stade 6 de Kohlberg où des principes universels prévalent sur les lois. Les « libre-penseurs », pour autant qu'ils soient vraiment comme tels, étaient de ce stade. Ici, on pouvait faire partie d'une religion sans pour autant tout croire de cette religion. On pouvait ne pas en avoir et avoir développé son propre système de croyances. On pouvait n'avoir aucune croyance tout en restant ouvert à la possibilité de la transcendance. J'étais aux anges. Étais-je rendu au stade le plus élevé du développement spirituel ? J'étais loin d'être certain de cela, pourtant, cette perspective me réconfortait. Je doutais, bien sûr, mais je doutais aussi de mes doutes. C'était un bon présage.

D'autant plus que je me reconnaissais aussi dans le stade 6 de Kohlberg. Ce stade est celui des principes éthiques et de la justice, où la règle n'est suivie que si elle correspond à ce que l'individu considère comme les principes intérieurs régissant la dignité humaine. C'est alors ses principes intérieurs qu'il suit. Il s'est complètement détaché du groupe dans sa réflexion morale.

Bien que je m'y reconnaisse, il me semblait que les gens ayant atteint ces stades devaient être heureux. Or, je ne l'étais pas. Pourquoi n'avais-je pas atteint cette sérénité que disent posséder certains grands esprits ?

C'est en lisant Monbourquette que j'obtins la réponse.

CHAPITRE 4

Enjeux et mission

Souviens-toi que tu t'es engagé, en venant sur cette terre, à prendre soin – oh, de ce que tu voudras ! – de quelques êtres et de toi-même, de quelques arbres et de quelques buissons, de quelques bêtes qui mangeront dans ta main, ou de toute une école, d'un hôpital, d'une préfecture ou d'un ministère – de toute façon, un royaume ! Tu as le choix ! La seule clause fixée, tu t'en souviens ? La seule condition sine qua non, *tu te la rappelles ? Oui, voilà que la mémoire te revient: à condition de faire tout ce que tu feras dans une vibration d'amour.*

CHRISTIANE SINGER[21]

J'avais maintenant une conviction. Celle que j'étais sur la voie du développement psychospirituel. J'avais déjà accepté le postulat que je venais d'ailleurs, que je m'étais donné une vie où j'avais choisi tout ce qui m'arrivait. Cela devait avait avoir un sens.

Sauf que le sens tardait à venir.

J'avais eu beau faire quinze années de psychothérapie, tenté de m'ouvrir le plus complètement possible, essayé de toutes mes forces de vivre une belle vie, lu tout ce que je pouvais, il me semblait que la vie me boudait complètement et je n'y trouvais toujours pas de sens.

---

21. Singer, Christiane. *N'oublie pas les chevaux écumants du passé. Op. cit.*

C'est alors que je tombai sur un livre de Jean Monbourquette : *À chacun sa mission*[22].

J'avais déjà lu du Monbourquette par le passé. C'était lui que j'avais lu en premier lors du départ de ma conjointe. Cependant, son livre *Grandir: Aimer, perdre et grandir*[23] ne m'avait pas été d'un grand secours. Il faut dire que je l'avais lu comme une recette et que j'avais négligé le passage où il explique qu'un deuil prend du temps.

Je savais aussi que Monbourquette était à la fois psychologue et prêtre, ce qui, à ce stade de mon cheminement, me paraissait une bonne chose. À l'instar de Peck, psychiatre catholique, Monbourquette avait sans doute aussi compris quelque chose sur l'intégration des contraires qui me dépassait encore un peu.

J'entrepris la lecture de ce livre avec à la fois un grand intérêt et une grande espérance : celle de trouver ma mission de vie et donc, ce fameux sens que je cherchais toujours.

Je ne trouvai pas ma mission… ni le sens qui va avec.

Je trouvai plutôt beaucoup de travail… et une grande déception.

Monbourquette affirmait en effet que la mission était une chose qui allait de soi et qu'on faisait de toute façon, même sans en être conscient. C'était comme une deuxième peau. Tout notre être était attiré par cela. Il était donc intéressant de la trouver, ne serait-ce que pour en devenir conscient ou même adapter ce qu'on fait pour que cela soit plus propice à la réalisation de cette mission. Pourtant, pour la trouver, trois tâches étaient très importantes et devenaient vitales : compléter ses deuils, augmenter son estime de soi et intégrer son ombre.

Ce fut un choc. Comment pouvais-je prétendre trouver un sens à ma vie si je n'avais pas effectué ces trois tâches ? J'intégrais mon ombre comme je pouvais, à mesure que les occasions se présentaient. J'étais

---

22. Monbourquette, Jean *À chacun sa mission*, Novalis, 2006.

23. Monbourquette, Jean. *Grandir : Aimer, perdre et grandir*. Novalis, 2007.

familier avec cela. Mais l'estime de moi me faisait cruellement défaut. Quant au deuil, j'étais en plein dedans.

Il me semblait que je ne pouvais pas faire davantage pour le deuil qui suivait son cours et qui avait besoin de temps de toute façon. L'enjeu de l'intégration de l'ombre supposait que l'on apprenne à aimer son ombre, ce qui me semblait difficile sans estime de soi. J'entrepris donc de travailler sur cette estime de moi-même qui me manquait tant.

J'eus alors le privilège de lire un autre ouvrage de Monbourquette qui reste à ce jour un des livres marquants de ma vie : *De l'estime de soi à l'estime du Soi*[24].

J'entrepris, avec l'aide de ce livre, de mes connaissances et de ma pratique en psychosynthèse, une grande quête de moi-même, quête au cours de laquelle je me redécouvris.

Ce fut grandiose.

J'appris à me connaître davantage. À comprendre qui j'étais. À conscientiser que je l'avais toujours su. Oh, rien de nouveau. Mais pour la première fois, j'intégrais tout ce que je savais en un tout cohérent. C'était très loin d'un apprentissage de raison. C'était plus un apprentissage de tripes et de cœur. Aidé, bien sûr, par la raison.

J'appris que j'avais des couleurs qui m'appartenaient en propre et que les gens qui ne les aimaient pas ne seraient jamais mes amis… ou mes amours. Qu'ainsi que le dit Dyer[25], environ 40 % des gens que je rencontrerais dans ma vie ne m'aimeraient pas et qu'il fallait que je m'occupe des 60 % qui m'aimeraient.

J'appris que j'avais des blessures à soigner, qu'elles ne guérissent qu'en laissant des cicatrices qui pourront se rouvrir au contact d'autres

24. Monbourquette, Jean. *De l'estime de soi à l'estime du Soi*. Novalis, réédition 2013.

25. Dyer, Wayne. *Vos zones erronées*. De Mortagne, réédition 2012. J'ignore si les pourcentages de l'auteur son exacts ou s'il s'agit d'approximations personnelles, mais j'aime bien penser comme ça.

blessures semblables. Que la guérison complète est un mythe. Que c'est normal et non pathologique. Que cela constituait mes enjeux de vie et que je ne pouvais d'aucune façon passer à côté.

J'appris que j'avais des talents, des passions et qu'il ne fallait surtout pas confondre les deux. Que c'était normal de ne pas développer les talents dans lesquels je m'ennuyais et qu'il fallait que je privilégie ceux pour lesquels je me passionnais.

J'appris aussi que les gens qui nous quittent n'ont simplement plus à faire avec nous, que ce que l'on avait à faire ensemble était terminé, sinon ils ne seraient pas partis. Que ça n'avait rien à voir avec une quelconque manière d'être où nous n'étions pas adéquats.

Par la bande, j'intégrai davantage mon ombre. J'appris à l'aimer, à la chérir comme une partie de moi. Comme d'autres couleurs venant s'ajouter à ma palette déjà bien garnie.

Et je fis mon deuil.

Je ne sais pas tout de suite si je suis réveillé ou pas.

Il me semble qu'à travers mes paupières closes, une douce lumière me parvient. Je me sens bien. Est-ce que je rêve ? Depuis dix mois, je suis habitué à me réveiller avec cette boule d'anxiété au cœur, le dieu anxiolytique ayant achevé son effet.

Pourtant, ça ne ressemble pas à un rêve. Je sens complètement mon corps et je n'y trouve aucune tension. Mes jambes répondent à mon ordre de s'étirer. Mes bras aussi. Je sens dans mes membres une chaleur me parcourir. C'est un ressenti que je ne connais plus depuis longtemps.

J'entrouvre les paupières. Doucement. Pour éviter que la sensation de lumière ne s'évade. Juste au cas, pour pouvoir y revenir rapidement si jamais elle disparaissait.

Le rayon de soleil est pourtant là, qui traverse par un des pans de la toile fixée à la fenêtre de ma chambre. Il ne correspond pas tout à fait à ce que je ressens. Je ferme les yeux une nouvelle fois, retrouve la lumière et réouvre les yeux. Il manque quelque chose. La lumière du soleil qui traverse la chambre est moins forte que la lumière que je vois les yeux fermés.

Bien décidé à profiter de l'expérience, je referme les yeux et me laisse aller dans cette lumière. Comme c'est bon. La chaleur ressentie me pousse à lever les jambes sous les couvertures, afin que, d'un mouvement rapide des pieds, ces dernières descendent pour découvrir mon corps.

Je me laisse aller à cette sensation de bien-être. Mon cerveau cherche un instant les restes d'un rêve que j'aurais pu faire cette nuit et qui expliquerait cette sensation, mais rien ne vient à ma mémoire.

Une petite voix intérieure me chuchote : « Tu es sorti de ta dépression. »

La lumière qui passe toujours à travers mes paupières est si douce qu'il ne me vient même pas à l'esprit de contredire cette voix. Au contraire : « C'est donc ça », me dis-je.

Je prolonge encore un peu cette expérience de lumière pour en profiter au maximum. Après quelques minutes, elle faiblit. Elle semble maintenant entièrement attribuable aux rayons du soleil, ce que je m'empresse de vérifier. C'est le cas.

Une soudaine envie de voir ce soleil me propulse hors du lit et me fait lever la toile : les murs jaunes et bleus sont complètement inondés de la lumière de mai.

La petite voix intérieure se fait entendre de nouveau. « C'est beau, hein ? » me dit-elle.

Je n'ai pas l'impression qu'elle attend une réponse. Elle appelle juste à contempler. Jamais je n'aurais pensé qu'une phrase aussi banale que : « Oh, il fait soleil aujourd'hui » pouvait avoir autant de profondeur.

Oui, il fait soleil aujourd'hui. Dans ma chambre mais aussi dans mon cœur et mon âme. J'en ai la conviction : je suis sorti de la dépression. La vie me semble nouvelle, belle, pleine de promesses. Je suis ému. Des larmes de joie apparaissent dans mes yeux. Ça fait si longtemps que je ne m'étais plus rencontré : « Bonjour, Jean, me dis-je tout heureux, il était temps que tu reviennes. »

Je mets une robe de chambre et descend l'escalier qui mène à la cuisine. J'ai envie d'un café. Curieusement chaque geste que je fais pour le préparer me semble nouveau. Chaque mouvement est connu mais prend un nouveau sens. Je me dis : « Voilà le premier café de ma nouvelle vie ! »

Je vais m'asseoir dehors, dans ce soleil magnifique de mai. Je prends la mesure de ce qui se passe. Je viens de traverser de l'autre côté. Je comprends enfin cette expression de Marie Lise Labonté qui, dans son chapitre sur l'amour créateur[26], parle d'un passage à effectuer pour ne plus dépendre de l'autre en amour. Elle avait qualifié ce passage de « traversée des grandes eaux », l'associant au passage que faisait faire Lao-Tzeu aux gens qui venaient le voir.

J'avais donc fait la traversée des grandes eaux. J'avais failli m'y noyer plus d'une fois, mais j'y étais arrivé et j'étais là, bien vivant, heureux. C'était magnifique.

Cet été-là fut le premier d'une longue série.

Tout ce que j'avais acquis en dix mois devenait bien vivant en moi. Tout ce que j'avais compris avec mon cœur s'animait tout à coup, prenait sens dans mon âme, mon être. Tout ce qui avait été compris par morceaux formait maintenant un tout. C'était magnifique.

C'est aussi au cours de cet été que je compris profondément le sens de ce que Jung appelait les synchronicités.

---

26. Labonté, Marie Lise. *Parlez-moi d'amour vrai*. Éditions de l'Homme, 2007.

Une synchronicité, dans l'esprit de Jung, est constituée de deux événements simultanés qui n'ont aucun rapport objectif l'un avec l'autre, mais qui prennent un sens subjectif très important pour celui à qui ça arrive. Je sais que pour beaucoup de personnes, les synchronicités sont des signes du destin et que le hasard n'existe pas. Mais Jung n'a jamais été jusque-là dans sa description d'une synchronicité. Cela dit, on peut y voir ce qu'on veut, y compris une intention de la vie[27], mais l'important n'est même pas là. L'important, c'est le sens subjectif auquel ce qui arrive réfère.

Cela nous parle, nous interpelle jusque dans les plus petites fibres de notre être. Cela nous renseigne sur notre vie sur terre, ce que nous avons à y faire, ce que nous devons réaliser. Est-il nécessaire de démontrer qu'il y a un Dieu quelque part, un Univers avec un grand « U » qui s'occupe de nous personnellement ? Non. Loin de là.

Si ça nous parle, si ça nous renvoie à une chose importante de notre vie, il faut alors passer à l'action. Tout simplement.

Jung disait dans son explication de la personnalité qu'il existait un Soi, une sorte d'instance psychique qui nous connaît mieux que nous-mêmes et qui éclaire notre route lorsque le moi s'aligne.

Personnellement, je vous dirais ça autrement : *lorsque le moi est prêt, le Soi apparaît.* Et je pense que c'est par le Soi que nous décodons le lien entre les deux événements qui servent de synchronicité. Je crois que notre inconscient identifie à la vitesse de l'éclair ce dont nous avons besoin pour évoluer et nous le pointe du doigt d'une façon aussi sûre que deux et deux font quatre. Encore faut-il que le moi accepte son message. Partant de là, il ne nous reste plus qu'à agir en conséquence.

Or, cet été-là a été rempli de ces synchronicités.

Celle qui a été la plus importante est certainement le concours de circonstance m'ayant amené à découvrir qu'il allait y avoir assez loin de chez moi une semaine de retraite portant sur la découverte de notre mission.

27. Corneau, un spécialiste de Jung, se rend jusque-là dans sa description des synchronicités.

M'étant inscrit bien que le lieu – silence et frugalité – ne me convienne pas, j'eus la surprise la veille, alors que je dormais dans un hôtel de la région, histoire d'avoir un peu de confort avant la semaine, d'entendre ma « petite voix » me dire affectueusement : « Tu es passeur, Jean. Tu n'as pas besoin de cette semaine de retraite. »

Étonné et sachant que j'avais beaucoup de capacité à éviter ce que je n'aimais pas, je décidai de me rendre sur les lieux et je passai deux jours et demi à me demander ce que je faisais là. J'hésitais à partir et ma petite voix ne cessait pas de me dire : « T'es pas fatigué de te faire mal parce que t'es pas capable de prendre une décision ? »

Je me fâchai donc contre le ciel (j'en avais pris l'habitude) et, levant les yeux, je criai :

— Si je n'ai pas de signe clair, je reste ici ! Je veux, non, j'exige un signe !

Inutile de vous dire à quel point le « sceptique » en moi rigolait de me voir faire cela.

Pourtant, le lendemain, alors que nous nous présentions pour un atelier, j'eus la grande surprise d'entendre l'animatrice dire intégralement :

— Le thème d'aujourd'hui sera : vous n'êtes pas fatigués de vous faire mal parce que vous n'êtes pas capables de prendre une décision ?

Instantanément, je résolus de quitter l'endroit et en informai l'animatrice qui me dit : pourquoi n'en profitez-vous pas pour visiter la région ? Je trouvai cela intéressant et décidai que c'était un temps de vacances. Ma « petite voix », que je prenais de plus en plus au sérieux, me renseigna sur les raisons pour lesquelles j'étais là : « C'est le temps de t'amuser. »

Et je passai le reste de l'été à m'amuser. En fait, pour être franc, je passai près d'un an à m'amuser. Et c'était bon !

Cette année-là, dans le plaisir, j'ai eu le loisir de mettre ensemble tout ce que j'avais appris durant ce passage éprouvant. Je me remis en selle côté travail et goûtai avec une nouvelle fraîcheur ce que je faisais, sachant désormais que j'étais un passeur. Je comprenais mieux pourquoi les gens venaient à moi et j'étais, je crois, plus efficace.

Ce que j'avais traversé, c'était d'oser être moi. J'avais osé. C'était ça qui revenait sans cesse. Et j'étais prolifique sur ce sujet. Ose être toi, ose ta vie, ose t'afficher, ose changer de direction quand ça ne va plus, ose tout ce que tu crois être toi, ose ta mission de vie ! Je passais mon temps à lancer ce message.

Et les gens commençaient à me demander comment faire. Devant cette demande j'ai eu plusieurs élans.

J'ai publié un programme sur Facebook dont le nom était : « *Une saison pour oser sa vie* ». Fort de cette réussite, je me suis mis ensuite à publier des images avec des pensées contenant en substance ce que j'avais appris. Ces images, au fil des mois, ont pris une importance considérable. Beaucoup de personnes les lisent le matin avant de commencer leur journée et me renvoient des feed-back positifs sur leur utilité.

De fil en aiguille, j'ai été amené à préparer une conférence qui s'intitulait : « *Vivre sa mission en osant sa vie* ». En sous-titre, on trouvait : *comment vivre sa mission en osant sa vie et ainsi faire exploser ses couleurs.*

Un jour, je reçus en message privé une demande qui me fit rire :

« Bonjour, Monsieur. Nous sommes quelques personnes qui voudraient assister à votre conférence « *exploser ses couleurs* ». Pourriez-vous nous donner la prochaine date ?

Il était clair que je devais changer mon titre.

Et c'est ainsi que naquit le concept :

Faites exploser vos couleurs.

CHAPITRE 5

La grande synthèse

En essence, nos âmes sont peut-être des voyageuses et des goûteuses universelles ouvertes à toutes les expériences et dont la seule mission est l'extase de vivre, mais qui, dans le grand banquet de la vie, ne sont plus attirées que par certains types d'aliments, ayant oublié l'immense champ des possibles.

GUY CORNEAU[28]

Le reste des pages de ce livre va vous expliquer comment faire exploser vos couleurs. Chaque chapitre y sera consacré. Mais pour que ce soit plus clair, permettez-moi d'abord de vous en faire le résumé.

Ce résumé comprendra des croyances et des notions de psychologie. Si vous êtes un sceptique, je vous ferai peut-être grimacer (comme je vous comprends), mais souvenez-vous. On fait comme si c'était vrai… et on voit ce qui se passe.

Vous y êtes ?

Vous êtes venu en ce monde pour y vivre une expérience que vous avez d'abord soigneusement planifiée. Le hic, cependant, c'est que vous ne vous rappelez pas. Évidemment, ce serait plus facile si on se

28. Corneau, Guy. *Op. cit.*

souvenait, mais ça serait moins drôle. Cette expérience comprend deux choses essentielles.

La première est constituée de vos enjeux, aussi appelés « chemin de vie » et pour lesquels vous aurez à soigner des blessures de deux ordres : celles qui proviennent de votre vie présente et qui ont été causées ici-bas et celles que vous portez depuis plus longtemps et qui proviennent de restes des vies antérieures. On s'entend habituellement, dans la littérature, pour dire qu'on a en général un enjeu fondamental, mais certains en ont plusieurs. Ces enjeux parlent de vous et sont pour vous. Ils s'expriment en termes d'amour de vous-même. Vous aurez à vous en occuper et personne ne pourra le faire à votre place.

La deuxième, c'est votre mission. Dans votre plan de vie, vous avez choisi une chose à apporter au monde. C'est votre mission. Elle n'est pas un travail mais bien un état d'être. Vous allez la réaliser, que vous en soyez conscient ou pas parce que ça vous sort par les pores de la peau. Sauf que c'est plus amusant lorsqu'on en est conscient. On peut alors choisir un travail qui est fonction de notre mission et ça devient une partie de plaisir. Votre mission n'est pas pour vous. Elle est pour les autres. Pour leur rendre service. Elle s'exprime en termes d'amour des autres.

Pour vous aider, vous avez prévu un certain nombre de talents. Mais vos talents sont aussi un piège puisqu'il se peut que vous ayez du talent pour des choses qui vous ennuient profondément. Vous aurez à vous positionner par rapport à ces talents et ne pas laisser les autres vous définir à votre place.

Vous vous êtes aussi doté de passions, ces petites choses pour lesquelles vous ne voyez pas le temps passer lorsque vous les faites. Ces passions sont un excellent indicateur, autant pour vos enjeux de vie que pour votre mission. Elles peuvent vous guider constamment dans votre réalisation.

Seulement voilà. Tout cela, vous vous l'êtes donné comme un casse-tête à assembler. Vous êtes né puis vous avez tout oublié. Il vous reste maintenant à faire votre expérience.

Le piège dans la naissance, c'est que vous arrivez dans un monde matériel doté d'un corps qui a la responsabilité de votre conscience d'être. En effet, ne serait-ce que pour savoir que vous êtes là, vos sens reçoivent des signaux extérieurs à vous. De ce fait, vous êtes attiré vers l'extérieur de vous. Votre regard se porte sur les autres. Vos oreilles entendent les commentaires des autres. Vous vous définissez par identification à d'autres (vos parents, par exemple). Pourtant, l'essentiel de ce que vous avez besoin pour vivre votre vie se trouve à l'intérieur de vous. Tout : vos enjeux, votre mission, vos talents, vos passions, tout est à l'intérieur. Vous devez donc faire l'effort de vous tourner vers l'intérieur même si tout vous porte à faire le contraire.

J'aime comparer ce chemin à la découverte d'un royaume.

Imaginez. Vous êtes le prince ou la princesse d'un royaume, mais vous l'ignorez. Vous avez des indices, mais pour vous engager sur le chemin de la découverte de votre royaume intérieur, vous ne devez pas suivre la foule. Uniquement suivre votre propre chemin.

Et dans ce royaume, vous portez un rêve. Celui d'accomplir qui vous êtes. Celui de vivre à fond votre expérience d'être humain. Cette expérience que vous vous êtes donné de vivre. Avec vos propres couleurs. Vos propres teintes. Votre propre agencement.

Si vous le réalisez, vous serez comme un enfant sautant de joie.

Si vous y échappez, vous serez un petit vieux. De 20, 30, 40 ou 70 ans, mais un petit vieux quand même. Et vous aurez passé à côté de votre vie.

Pour prendre pleine conscience de votre royaume et de votre royauté, vous aurez trois tâches importantes à accomplir : vous aimer enfin complètement, apprivoiser votre ombre et terminer vos deuils. Ces trois tâches seront essentielles et ne seront jamais terminées. Vous aurez donc à les exécuter à mesure qu'elles se présenteront à vous. Tant que vous les accomplirez, vous avancerez sur le chemin du développement, vous ferez exploser vos couleurs à la face du monde, et vous serez heureux.

Le meilleur moyen de s'assurer de faire vos trois tâches le plus facilement, ce sera de développer dix attitudes: rester conscient de votre libre arbitre, prendre responsabilité de votre vie, rester dans le présent, cesser l'automaltraitance, cesser de vous victimiser, garder les pieds sur terre, lâcher prise, suivre le mouvement, porter attention au nouveau et écouter votre petite voix.

Ces dix attitudes (illustrées dans le schéma suivant) seront la clé pour arriver à accomplir vos trois tâches et à retrouver votre être profond. Souvent, quand ça ira mal, ce sera là qu'il faudra travailler d'abord. Nous oublions souvent ces dix attitudes de base. Elles ne sont pas toujours faciles à maintenir.

Pourtant, ça ira mal, parfois. La vie est ainsi faite. Notre boulot n'est pas de tenter de maintenir ce qui n'existe plus, mais d'aller encore plus loin dans ce que la vie amène et de saisir chaque opportunité pour se développer.

Et se développer, vous l'aurez sans doute deviné, ça veut dire découvrir constamment de nouvelles avenues de votre royaume intérieur, de votre être, de votre âme.

Tout ce que le monde et la Vie attendent de vous, c'est d'être toujours de plus en plus vous-même, de plus en plus coloré des couleurs qui explosent de vous dans un feu d'artifice créatif, original et magnifique.

Cela m'a pris un an à le découvrir, six ans à l'intégrer et j'ai maintenant le reste de ma vie pour l'appliquer. Mais je suis un passeur. À ce titre, ma mission de vie est d'aider les autres à franchir les étapes de leur vie et à traverser du côté de la lumière de leur âme.

C'est dans cet esprit que, dans la deuxième partie, je vais tenter de vous expliquer tout cela en détail.

L'humain

en processus d'intégration

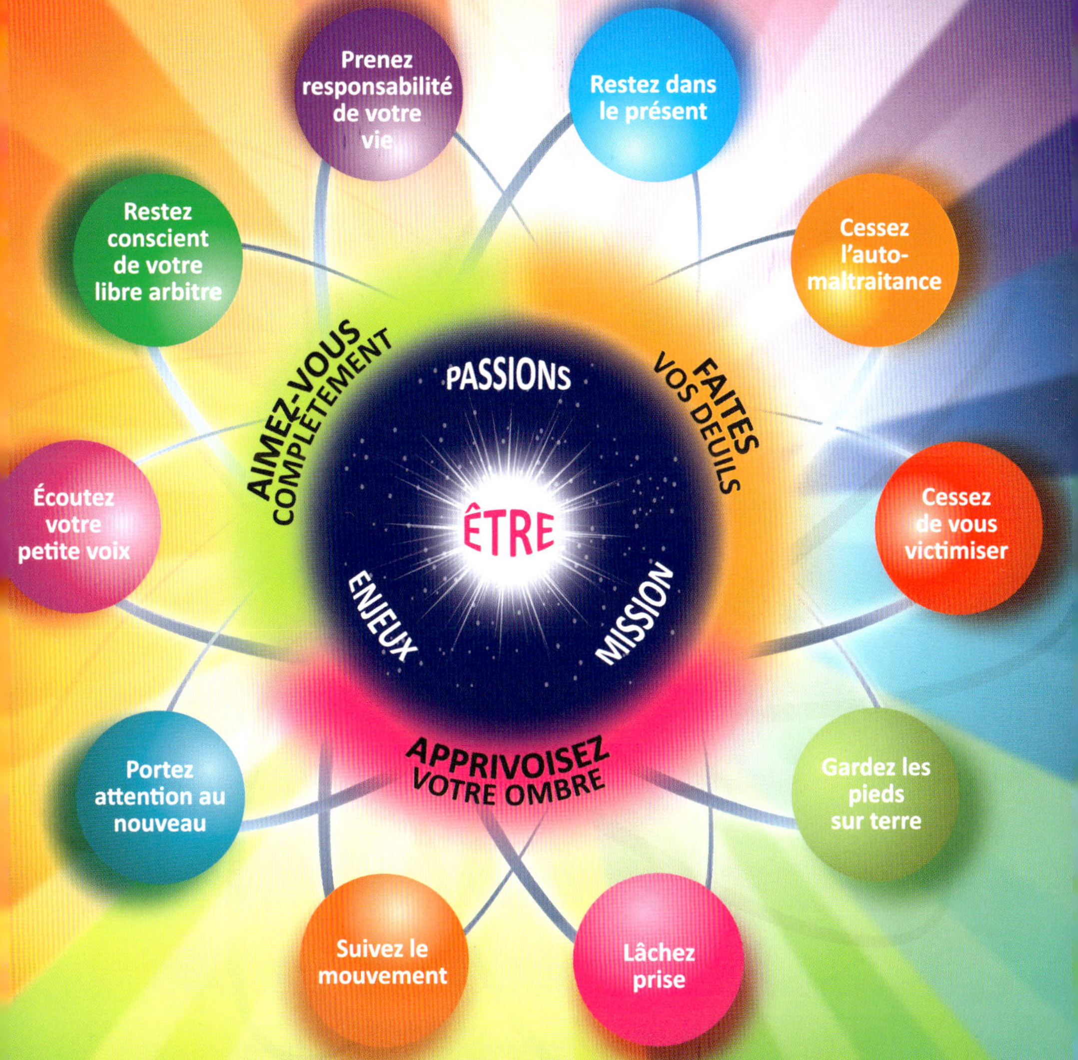

Conception : Jean Rochette
Graphisme : Véronique Talbot (Conception Para-Graphe Inc.)

DEUXIÈME PARTIE

LA TRANSMISSION

CHAPITRE 6

Refusez d'être un petit vieux

Le vrai mal de la vieillesse n'est pas l'affaiblissement du corps, c'est l'indifférence de l'âme.

ANDRÉ MAUROIS[29]

Avant même de commencer à vous expliquer les dix attitudes et les trois tâches, je dois vous prévenir que vous avez à prendre une décision : accepter qu'il n'est jamais trop tard. C'est ce que j'appelle : refuser d'être un petit vieux.

À mesure que les années passent, on se dit qu'il est trop tard, que ça ne sert plus à rien, qu'il ne reste plus assez de temps pour y arriver. Il s'agit là une attitude de démission qu'on peut adopter peut-être plus facilement passé la cinquantaine, mais aussi en tout temps. Ça s'appelle « être un petit vieux ».

Pour ma part, je connais des petits vieux de vingt ans qui ont déjà baissé les bras.

NON !

29. Maurois, André. *Un art de vivre*. Pocket, 1973.

N'allez pas faire ça !

À 2 ou 3 ans, parfois même avant ça, on nous dit qu'il faut faire « caca dans le pot ». Il paraît que l'on est trop vieux maintenant pour faire dans sa couche. On appelle ça « être grand ». Du coup, toute notre éducation sera marquée par ce mensonge horrible : être grand, c'est être trop vieux. Ainsi, à partir de 2 ans, on commence déjà à être trop vieux, et on le sera pour le reste de notre vie.

À 3 ans, on est trop vieux pour pleurer quand ça fait mal ou hurler quand on est en colère.

— Chut, ne pleure pas pour ça !

— Ça ne sert à rien de te fâcher, voyons !

À 4 ans, on est trop vieux pour vouloir nos jouets rien que pour nous. Il faut les partager avec les autres, même quand ces autres, eux, ne partagent pas. Fâchant, mais on ne peut plus se fâcher depuis déjà un an.

À 5 ans, on est trop vieux pour rester à la maison. Il faut aller en maternelle, faire ses boucles de chaussures, ne pas parler pendant la classe et, peut-être, apprendre quelques lettres de l'alphabet.

À 6 ans, on est trop vieux pour s'amuser à apprendre. Il faut écouter le professeur parler.

À 7 ans, il faut être raisonnable. Après tout, c'est l'âge de raison. On est trop vieux pour être déraisonnable.

De 8 à 12 ans, on sera trop vieux pour se quereller, pour être différent, pour se démarquer, pour avoir des idées originales, pour s'énerver.

Au secondaire, on nous demandera de choisir les maths enrichies ou les maths « ordinaires ». On nous enseignera alors qu'en faisant ce choix, on se fermera des portes dans pratiquement tous les domaines impliquant les sciences. Et si, d'aventure, on décidait à 18 ans qu'on voudrait faire des sciences, finalement, on se dira plus ou moins qu'il est trop tard et on choisira une matière encore ouverte à nos intérêts… quitte à faire quelque chose dont on n'a pas vraiment envie.

C'est ainsi qu'on se retrouvera à l'université, trop vieux pour revenir en arrière. Ou pire, dans un métier appris au professionnel, pour aller plus vite, malgré le fait qu'il ne nous intéressait que moyennement. Et l'on commencera une carrière que l'on n'aimera pas vraiment, jusqu'à la retraite où l'on pourra enfin s'adonner à sa passion, tout en sachant pertinemment que pour bien des choses, on se trouvera encore trop vieux.

Oh, bien sûr, il y aura une sorte de prise de conscience vers 40 ans. Les adultes appellent ça une « crise ». Mais la plupart du temps, on se fera à l'idée qu'il est trop tard et qu'on est trop vieux pour tout bouleverser. La crise passera d'elle-même.

Ainsi, à partir de 2 ans, on grandira en étant trop vieux et on le restera toute notre vie. Trop vieux pour vivre.

Vous avez des rêves et vous avez plus de deux ans ? Alors il est évident que pour beaucoup de gens, vous êtes trop vieux pour les réaliser.

Ne touchez à rien de votre vie, ne bouleversez rien et vous pourrez, à 55 ou 60 ans, enfin, jouer au golf pour les années qui vous restent.

Ah, vous ne le saviez pas ? On n'est jamais trop vieux pour jouer au golf, semble-t-il. C'est la seule chose au monde autorisée, outre le bénévolat. Parce que c'est bien connu, les vieux font du bénévolat. Entre les parties de golf sans doute.

Ça vous tente ? Moi, non. Je n'ai pas du tout envie de faire un petit vieux et je crois bien que j'ai décidé ça il y a longtemps. De toute façon, je n'aime pas vraiment jouer au golf.

Mais, me direz-vous, il y a tout de même un moment où l'on est trop vieux !

Bien sûr. Lorsqu'à la toute fin, le spécialiste des pierres tombales inscrira la date finale de péremption de votre vie. Là, vous serez trop vieux. Et il sera trop tard.

En attendant, j'ai passé la soixantaine. Pour moi, ça ne veut rien dire d'autre qu'une soixantaine d'années d'expérience, ce qui est très bien, je trouve. J'ignore quelle est ma date fatale, mais j'ai bien l'intention d'occuper ma vie jusqu'au bout de ce qui m'est donné.

Je rencontre régulièrement des gens de 20 ans, 30 ans ou 40 ans d'expérience qui se trouvent trop vieux pour vivre leurs passions. Quel dommage. Imaginez. Des petits vieux de seulement 20 ans d'expérience.

La société m'a dit toute ma vie que j'étais trop vieux pour faire ce que je voulais. Je l'ai cru longtemps. Malheureusement. Et je vieillissais. Inexorablement. Puis je me suis dit que ça suffisait de vieillir. Et vous savez quoi ? J'ai découvert mon enfant intérieur.

Non, pas celui que l'on dit marqué à vie par ses blessures fondamentales. Plutôt celui qui a envie de jouer, de s'amuser, de faire sa vie en s'éclatant dans ce qu'il aime. Celui qui peut encore parler à son toutou, qui va voir des films de superhéros, qui aime les lumières de Noël et qui écoute en boucle des chansons sur lesquelles il a *flashé*.

J'ai dit à mon enfant que la vie était un immense terrain de jeu. Alors il a commencé à s'amuser. Tellement s'amuser. Et il continue. Il écrit des histoires, aide des gens à franchir le pas qui les sépare de la vieillesse acquise à la jeunesse éternelle, crée une entreprise malgré les avis de tous selon lesquels, évidemment, il est trop vieux pour faire ça. Il s'en fout. Il aime. De tout son cœur.

Et lorsque l'échéance arrivera, il y aura une chose dont il pourra se vanter : jamais il ne sera devenu un petit vieux.

Ça vous tente ? Avez-vous l'impression que vous êtes en train de vous encroûter, qu'il vous faut des nouveaux défis, qu'il vous manque quelque chose ?

Alors, souvenez-vous !

Souvenez-vous du temps où vous étiez enfant.

Oui, oui. Souvenez-vous des rêves que vous aviez, des jeux que vous inventiez, des projets qui vous traversaient la tête.

Souvenez-vous des mille façons que vous aviez de refaire le monde, rêvant d'être tout à la fois.

Vous vous souvenez ?

Vous vouliez quoi ? Être astronaute, écrivain, cow-boy, pompier, médecin, infirmière, dompteur de lions, cascadeur, marin, millionnaire, prince, princesse ?

Ils sont loin vos rêves maintenant, n'est-ce pas ? Peut-être même ne vous en souvenez-vous même pas.

Et pourtant, à cet âge-là, on a des rêves, et vous avez rêvé. Vous avez rêvé grand.

En fait, vous avez rêvé d'être vous-même. Vous avez rêvé de vous réaliser. Mais vous étiez trop petit alors pour réaliser le sens profond des rêves que vous faisiez. Car ils parlaient de bien plus qu'un métier. Pourquoi avez-vous voulu être un cow-boy ? Y reconnaissiez-vous la nostalgie de votre tempérament ? La liberté des grands espaces ? Quelque chose, pour sûr, vous attirait. Quelque chose de précieux que vous portiez en vous-même. Et que vous portez encore. Quelque chose de si important que vous en rêviez des heures durant, que vous vous projetiez dans cela des semaines, des mois, jusqu'à ce que quelque chose d'autre vous attire. Et voilà que vous vouliez être un pompier ! Peut-être aviez-vous reconnu un peu un sauveur en vous, un être qui veut rendre service ou bien une envie d'adrénaline ?

Imaginez, maintenant !

Imaginez seulement si tous vos rêves d'enfants s'étaient concrétisés !

Imaginez si votre vie était conforme à celle dont vous aviez rêvé !

Mais ce n'était pas possible. Pas à cet âge-là. Il vous restait encore à acquérir de la maturité. Vous n'aviez pas ce qu'il fallait pour vraiment savoir ce qui vous attirait dans les métiers qui vous faisaient envie. Vous n'aviez pas suffisamment de discernement pour bien sentir ce que vous portiez en vous.

Vous étiez un bébé, un enfant, un «petit», comme on dit. Et quand on est petit, malgré toute la candeur et la beauté que nous portons, nous sommes encore des égocentriques finis, des égoïstes patentés et des inconscients «mur à mur».

Vous ne me croyez pas? C'est si beau un enfant, vous dites-vous…

Mais avez-vous remarqué que l'enfant qui appelle sa mère ou son père se fout complètement de ce que ce dernier est en train de faire? Avez-vous remarqué que le bébé qui a faim n'a aucune considération pour votre sommeil? Avez-vous remarqué que les petits sont des êtres à éduquer?

Lorsque nous venons au monde, nous portons en nous un tempérament inné ainsi que de nombreuses potentialités. Elles seront à développer. Mais nous sommes complètement démunis. Contrairement au reste des animaux, nous sommes entièrement à la merci des adultes qui s'occupent de nous. Il nous faut donc absolument être égoïstes… et beaux. C'est cela qui nous assure notre survie.

L'adulte doit alors tout nous montrer pour que nous puissions vivre dans le monde.

Nous sommes en fait des éponges égoïstes avides de comprendre et d'apprendre. Nous apprenons tout. Le dit et le non-dit. Le beau et le moins beau. Ce qui se fait et ce qui ne se fait pas.

Nous apprenons à jouer et à marcher, puis, à mesure que nous grandissons, nous apprenons à parler, écrire et compter.

L'éducation est ainsi faite que l'humain, en montrant les choses, enseigne aussi à être utile à la société. C'est comme ça que nous apprenons à «faire». Sauf qu'au passage, nous intégrons aussi que nous devenons trop vieux.

Doucement, en « faisant » les choses, nous remarquons que les gens nous apprécient pour ce que nous « faisons ». Alors nous continuons à « faire », encore plus. Après tout, n'est-ce pas excitant que les gens nous apprécient ? Sauf qu'en choisissant de faire ce que les gens apprécient, nous commençons à renoncer à certaines parties de nous-mêmes que nous mettons dans l'ombre.

Puis, remarquant que « faire » peut nous assurer des revenus substantiels qui nous permettront de « faire » encore plus de choses, nous apprenons aussi à « avoir » des biens. C'est ainsi que nous nous retrouvons « bien adaptés » à la société.

Possible qu'au détour, nous ayons oublié ce qui animait notre enfance. Possible que nous ayons oublié quels étaient nos rêves. Car nos rêves sont du domaine de l'« être » et non du domaine du « faire » et de l'« avoir ».

Remarquez que, pour la première partie de notre vie, il s'agit bel et bien de « faire » pour « avoir ». C'est en effet au début de l'âge adulte que nous nous lierons à quelqu'un, que nous fonderons une famille, que nous achèterons voiture et maison. Il faut faire, à cet âge. Parce qu'il faut avoir.

En fait, il n'y aurait aucun problème à cet état de choses si nous avions continué à être de plus en plus conscients de nous-mêmes et que nous avions choisi de « faire » des choses en conformité avec nos forces vitales. Seulement voilà. Très souvent, nous les oublierons, ces forces. Trop centrés sur le « faire » et l'« avoir », nous délaisserons notre nature pour aller vers ce dans quoi il y a du boulot.

C'est ainsi qu'au mitan de la vie, nous nous arrêterons. L'« être » reprendra ses droits et exigera de connaître le sens de ce que nous « faisons ».

Pour certains, ce sera une grande crise. Cet « être » qu'ils avaient délaissé devra être récupéré. Tout ce qui avait été abandonné en cours de route, mis dans l'ombre, devra être réintroduit dans la vie. Il faudra réapprendre à vivre dans l'« être » plutôt que dans l'« avoir » et le « faire ».

Malheureusement, beaucoup recevront cette remise en question comme une invalidation de tout ce qui a précédé. Ils se diront : il est trop tard, maintenant. Ils se demanderont pourquoi on ne leur a pas enseigné tout cela plus tôt, affirmant qu'ils sont maintenant trop vieux pour vivre leurs passions.

Il est vrai que cela aurait été plus facile si on nous avait appris à « être » en même temps qu'à « faire » ou à « avoir ». Pourtant, bien souvent, nous n'aurions pas écouté davantage non plus. Comme si certains stades étaient requis pour d'autres. Comme s'il fallait « gaspiller » un certain temps de notre vie afin d'en apprécier ce qui reste.

N'est-ce pas ce qu'on appelle un cheminement ? Après tout, il fallait quand même apprendre ce qu'on a appris. Il fallait quand même le commencer, ce cheminement. Et puis n'est-on pas conditionné à se trouver trop vieux pour tout ?

Il faudra donc se déconditionner. Ça vous tente ? Avez-vous envie de vous trouver assez jeune pour vivre vos passions, pour vous reconnecter à vos rêves, pour retrouver l'élan initial qui était le vôtre dans votre enfance ? Avez-vous envie de retrouver vos couleurs personnelles et de les faire exploser à la face du monde avec le plaisir d'un enfant assistant à un feu d'artifice ?

Si tel est votre cas, comme je le suppose, rayez définitivement de vos hypothèses celle qui dit que vous êtes trop vieux. Oui, peu importe votre âge. L'idée que nous sommes trop vieux, si vous réfléchissez bien, n'est simplement qu'une idée. Et une idée n'a de prise sur vous que si vous y croyez.

Dans ce livre, je vais vous proposer une démarche. Une démarche pour retrouver le cœur de votre cœur, la passion de votre vie, le fond de votre être.

Je vais vous proposer une façon de voir la vie et des techniques pour parvenir à faire exploser vos couleurs.

Mais pour cela, il vous faudra décider une bonne fois pour toutes que vous n'êtes pas trop vieux et ne le serez jamais.

On a l'âge de nos artères, dit-on.

Quand on parle comme ça, on parle du corps physique.

Moi, ce n'est pas du tout de cela dont je vous parle.

Essayez ceci.

Quand vous aurez fini de lire ce paragraphe, fermez les yeux. Imaginez maintenant que vous êtes un enfant et que vous recevez des mains de quelqu'un le plus beau cadeau que vous pouvez imaginer. Imaginez que votre cœur fait un tour et que vous êtes excité comme une puce. Vous sautez de joie. Vous vous emballez. Quel âge avez-vous ?

Allez-y maintenant. Fermez les yeux et faites l'expérience.

Et alors ? À quel âge vous êtes-vous retrouvé ? Trois ans, quatre ans, cinq ans, six ans, sept ans, huit ans, neuf ans ?

Moi, quand je fais cet exercice, j'ai sept ans. Et ce que je découvre à chaque jour, c'est que tapi dans le fond de mon être, un enfant de sept ans ne demande pas mieux que de vivre ses passions. Ce que je trouve extraordinaire dans ça, c'est que la partie de moi qui a la soixantaine est maintenant assez mature pour permettre à cet enfant de vivre sa vie. Parce que ce n'est pas le vieux de soixante ans qui réalise ses rêves, c'est l'enfant de sept ans. Et je vous jure qu'il s'amuse profondément.

Ça vous tente ?

Alors bienvenue à bord.

Vous allez bientôt découvrir que nous sommes très loin d'être des petits vieux de 20, 30, 40 ou même 70 ans. Et si vous le pensez encore un peu, préparez-vous à rajeunir à la vitesse grand V.

Parce qu'au terme de ce livre, vous allez faire exploser vos couleurs.

Et ça, bien honnêtement, ce n'est pas pour les petits vieux.

CHAPITRE 7

Vous êtes prince et princesse d'un royaume

À partir de cet instant, vous vous êtes senti perdu, seul, isolé et apeuré. Soudain, vous avez pris conscience qu'il vous manquait quelque chose. Et vous aviez raison. Vous ressentiez la douleur d'être séparé de votre trésor, comme si vous aviez perdu votre meilleur ami.

DEBBIE FORD[30]

Imaginez que vous soyez la princesse ou le prince d'un grand royaume, mais que, pour toutes sortes de raisons, vous ne connaissiez pas vraiment votre royaume. Que vous ne vous souveniez absolument pas de ce qui s'y trouve. Que vous ne sachiez même plus que vous êtes un prince ou une princesse.

Imaginez que vous viviez dans une immense ville confortable, sécuritaire où vivent avec vous toutes les autres princesses et tous les autres princes qui ont oublié leur statut.

Vous êtes installé dans une belle maison, et en général, vous y êtes heureux. En général…

30. Ford, Debbie. *Le secret oublié.* ADA, 2002.

Pourtant, de temps à autre, vous vous sentez insatisfait. De temps à autre, vous vous surprenez à vouloir plus. Hors de toute logique pourtant, puisque vous avez tout. Lorsque cela se produit, vous avez envie d'explorer d'autres horizons.

Le long de la grande avenue périphérique, on trouve des petits sentiers entrant dans une forêt. Des milliers de petits sentiers. Chacun des chemins porte un nom. Un nom étrange, qu'on ne reconnaît pas : *« via bernierus, via rochetta, via … »*. La plupart des gens pensent avec raison que c'est du latin. Mais personne ne connaît plus le latin. Et personne n'a remarqué non plus qu'on trouve autant d'entrées qu'il y a d'habitants dans la ville.

Des rumeurs disent que chacun des chemins conduit à un royaume. Mais personne n'ose s'y aventurer, car c'est trop effrayant. Une route pleine de trous et de bosses, balisée de ronces et plongeant dans une forêt si dense que pratiquement aucune lumière ne peut y passer, donnerait la chair de poule à quiconque, n'est-ce pas ?

Pourtant, dans vos moments d'insatisfaction, un de ces petits chemins vous attire particulièrement. Pas tous, non. Un seul. Celui dont le nom étrange vous rappelle quelque chose. Et vous y faites même deux ou trois pas parfois. Au grand désespoir de tous les autres habitants qui vous disent de renoncer et vous rappellent habilement que vous avez tout pour être heureux et que ce que vous vivez n'est qu'un moment de blues qui va forcément passer.

Il faut dire que se conformer à ce conseil est plutôt facile pour peu qu'on se soit approché du chemin. Car dès qu'on y a mis les pieds, on commence à avoir peur. Une peur terrible. Une peur viscérale. L'épouvantable certitude qu'on pourrait y mourir.

Après de longues hésitations, la peur et l'influence des autres vous décident à rebrousser chemin.

Jusqu'à la prochaine fois. Jusqu'à ce que vous y fassiez deux ou trois pas de plus.

Il y a en ville ceux qu'on appelle les « inadaptés ». Ceux qui, la nuit, s'aventurent sur leur chemin et se mettent à l'explorer. Parfois même, ils disparaissent de longs jours, des semaines, des mois. Puis, ils réapparaissent, prétextant qu'ils étaient en vacances. Même si l'on n'en parle pas ouvertement, chacun sait qu'ils reviennent de ce fameux sentier. C'est facile à voir, car à chaque voyage, ils reviennent un peu plus inadaptés qu'avant. Un peu plus bizarres. Comme si le chemin rendait fou.

Ils se mettent à dire des choses étranges. Des choses incompréhensibles : Il y a mieux que ce que nous vivons ; nous sommes aliénés ; nous détruisons notre ville ; nous n'avons pas compris le sens de la vie. Ils se mettent à résister aux règles de la ville, à les remettre en question, à réclamer le droit de penser par eux-mêmes.

La plupart d'entre eux sont isolés. On ne leur parle pas. On ne veut pas y être associés. Car ils dérangent. Ils bouleversent même parfois. Mais ils donnent aussi envie d'aller explorer. Et ça, on ne peut pas se le permettre. C'est trop d'insécurité. Alors on les boude, on les ignore, il arrive même qu'on tente de les mettre hors d'état de nuire en propageant des rumeurs malsaines sur leur compte. Certains paraît-il, se font même arrêter.

Pourtant, dans vos moments d'insatisfaction, vous vous prenez à les regarder et à penser que, peut-être, ce sont eux qui ont raison.

Vous avez l'impression que du fond de vous, quelque chose n'est pas encore sorti. Vous pressentez un rêve qui cherche à venir au monde. Vous avez beau vous convaincre que vous avez tout pour être heureux, vous sentez bien, en vous, que quelque chose manque. Comme si la vie que vous viviez n'était pas la bonne. Comme si vous veniez d'ailleurs. Comme si vous étiez autre chose que ce qu'on vous a toujours enseigné.

Jusqu'au jour où l'inconfort devient si grand que plus rien d'autre qui existe ici ne peut vous satisfaire.

Et si les inadaptés avaient raison ? Après tout, vous ne savez pas quel est le sens de la vie. Vous ne savez pas pourquoi vous êtes là. Vous ne savez pas qui vous êtes. Ou vous ne le savez plus. Vous avez l'impression de venir d'un endroit dont vous êtes en exil. Doré, tout confort, mais un exil tout de même.

Vous sentez soudain le besoin irrépressible, intenable, de vous aventurer à la recherche de vous-même, dans le sentier mystérieux qui, vous l'apprendrez plus tard, porte votre nom. Le sentier de votre royaume. Le sentier qui vous mènera à la découverte de votre vraie nature.

Il fallait que ça dérape pour que vous y alliez, car le sentier n'accepte pas les gens satisfaits de leur sort. C'est lorsqu'on n'a plus rien à perdre qu'on peut risquer l'insécurité.

Et pourtant…

Vous allez découvrir que vous êtes prince ou princesse d'un royaume magnifique. Que votre vie, c'est ça et non pas celle qu'on vous a appris à vivre pour respecter les conventions. Que, depuis toujours, vous méritez mieux et plus que tout ce que vous pouvez imaginer. Que vous avez non seulement le droit mais aussi le devoir de porter votre rêve, haut et fort.

Je ne sais pas qui vous êtes, vous qui me lisez aujourd'hui.

Je ne sais pas si vous êtes femme ou homme, jeune ou vieux, au travail ou aux études, dans la rue ou à la maison, riche ou pauvre, beau ou laid.

Comme je pourrais m'en poser des questions et comme je pourrais en imaginer des choses sur vous.

Je ne peux d'ailleurs qu'imaginer qui vous êtes, à quoi vous vibrez, en quoi vous croyez, quel est le sens de votre vie, quel est votre rêve.

Oui, votre rêve. Car je sais une chose de vous. Une chose dont je suis absolument certain. Peut-être même plus certain que vous-même.

Je sais que vous portez en vous, au plus profond de vous, un rêve venu du fond de votre être.

Vous le connaissez ? C'est bien. Le portez-vous bien haut ? Plus haut que votre cœur, plus haut que votre tête, pour qu'il transcende cœur et raison et qu'il vous porte aussi loin que vous le voulez ? Oui ? Brandissez-le alors comme votre vérité. Votre seule vérité. Votre seul guide. Votre seul flambeau. Car votre rêve a ce pouvoir non seulement de se réaliser, mais de réveiller d'autres rêves qui s'étaient peut-être endormis.

Il est bien possible alors que vous n'ayez pas besoin de ce livre parce que vous y êtes déjà. Vous osez votre vie. Vous portez votre rêve. Vous faites exploser vos couleurs. Témoignez-en toujours afin d'en inspirer d'autres à s'aventurer sur ce chemin et découvrir eux aussi qu'ils sont des princes et des princesses.

Vous ne le savez pas ? Je vous assure que si. Vous portez un rêve au fond de vous.

Peut-être, par contre, que votre rêve a été dilué dans les désillusions de ce qu'on nomme la « réalité ». Peut-être que votre rêve a été temporairement consumé par la haine ou l'envie qu'on rencontre si souvent ces jours-ci. Peut-être que votre rêve a été en apparence annihilé par les conventions sociales ou la normalité.

Peut-être aussi qu'on vous a appris à ne plus croire en lui ou, pire, à croire que vous êtes trop vieux pour le réaliser.

C'est à pleurer.

Je sais pourtant que ce rêve est vivant et qu'il ne demande qu'à sortir de vous, à s'élancer vers le possible, à redéfinir la réalité, à devenir votre projet, votre vie, votre mission.

Encore faut-il le laisser parler, le laisser battre en vous comme un nouveau cœur qu'on renommerait votre « âme ».

Ce rêve, il vient de votre enfance. Celle-là même que vous n'avez pas perdue. Jamais. Celle qui est toujours au fond de vous. Celle que, peut-être, vous n'avez pas vécue et qui est toujours là en potentialité. Tout près de votre cœur. Vous savez ? À l'endroit même qui aime encore jouer, rire, s'émerveiller. Tout au creux de vous. Emmitouflé près de votre foi au père Noël, proche de votre croyance aux farfadets, juste à côté de la fée des dents et de la princesse au petit pois.

Peut-être avez-vous beaucoup souffert.

Qu'importe.

Votre rêve est là et il vous attend. En fait, il vous a toujours attendu.

Et ce livre est pour vous. Pour pouvoir oser votre vie, oser votre rêve, oser être, enfin, tout ce que vous êtes. Oser faire exploser vos couleurs.

Nous sommes des millions dans le monde à porter nos rêves. Des millions aussi qui ont cessé d'y croire.

Mais ce n'est pas pour ces derniers que j'écris ce livre. C'est pour vous. Oui, vous qui le portez toujours.

Fermez les yeux. Laissez votre rêve vous parler. Vous montrer qui il est. Vous montrer la quantité d'amour qu'à travers celui-ci vous pouvez apporter au monde.

Allez-y. Faites-le.

Faites-le maintenant et notez au passage ce qui monte en vous. Sans censurer. Sans vous demander si ça se peut. Sans essayer de comprendre.

Allez-y maintenant. Oui, oui. Tout de suite. Fermez les yeux. Allez, une minute seulement. Et après vous être dit : « mon rêve, montre-toi à moi », laissez venir ce qui monte. Il est bien possible que vous n'y compreniez rien. Ce n'est pas grave. Notez tout de même. Vous comprendrez plus tard.

Et alors ? Vous avez eu une image ? Non ? Recommencez. Doucement. Nous ne sommes pas pressés. Ça fait 20, 30, 40, 50 ans que vous attendez cela. Nous n'en sommes plus à quelques minutes près.

Vous avez eu une image, mais ne la comprenez pas ? Comme je le disais plus haut, ce n'est pas grave. Ne la jugez pas. Ne dites pas qu'elle est farfelue ou stupide. Accueillez-la simplement, pour l'instant, comme quelque chose que vous ne comprenez pas. C'est tout.

Vous avez eu une image que vous comprenez mais que vous ne croyez pas possible ?

Alors ne tentez pas d'y croire. C'est bien pour ça qu'on a inventé l'espérance. J'en sais quelque chose, vous pouvez en être sûr.

L'espérance que tout arrive. L'espérance qu'à force de porter son rêve, il finit par se réaliser. L'espérance que tout peut être beau pour peu qu'on y accorde l'importance de notre vie. L'espérance qu'on rencontre au détour d'un chemin la personne-clé qui nous permettra d'y accéder. L'espérance que la vie soit plus que ce qu'on nous en montre lorsque, par ce qu'on nomme « éducation », on nous apprend la désillusion.

Et n'allez pas croire non plus que de porter son rêve soit égoïste.

Il ne s'agit pas de se boucher les yeux sur les problèmes du monde et la souffrance humaine.

Au contraire.

Porter son rêve est aussi porter le désir de transformer tout ça. D'user de compassion. D'aller au-delà des limites.

Porter son rêve est le pouvoir de redéfinir sa vie à partir des valeurs humaines les plus fondamentales. Respect, dialogue, amour, joie… Tenez, mettez les vôtres au bout des miennes…

Porter son rêve est le pouvoir de changer les choses. Le pouvoir de persévérer. Le pouvoir de se réaliser. Pleinement. Au-delà de ce qu'on nomme les « contraintes matérielles ».

Porter son rêve, c'est accepter de demeurer fidèle à son être, c'est s'élancer dans la confiance que tout est là. Prêt. Et que tout arrivera au moment propice.

Porter son rêve, c'est se choisir un petit lopin de terre dans le grand jardin du monde. Et c'est choisir de l'entretenir. Toujours fidèlement. Presque religieusement.

Pour le meilleur et pour le pire, jusqu'à ce que la mort nous en sépare.

Je ne sais pas qui vous êtes, vous qui me lisez aujourd'hui.

Je ne sais pas si vous êtes femme ou homme, jeune ou vieux, au travail ou aux études, dans la rue ou à la maison, riche ou pauvre, beau ou laid.

Mais je sais une chose sur vous, c'est que vous êtes mon frère et ma sœur de rêves.

Et que je vous aime très fort.

Alors entrez dans le chemin de votre être. Découvrez que vous êtes véritablement prince ou princesse de votre royaume. Explorez-en toutes les couleurs.

C'est l'univers qui attend de les découvrir.

CHAPITRE 8

L'illusion de la peur

Je suis sans cesse surpris du petit nombre de gens qui comprennent ce qu'est le courage. La plupart vous diront qu'il s'agit de l'absence de peur. Or l'absence de peur n'est pas du courage : c'est une sorte de lésion cérébrale. Le courage, c'est la capacité d'aller de l'avant en dépit de la peur ou en dépit de la douleur.

SCOTT PECK[31]

Lors de votre périple sur le chemin de votre royauté, vous aurez souvent peur. Et vous aurez envie de reculer.

Bien sûr, il y a des peurs, me direz-vous, qui ne sont que bénéfiques en nous avertissant d'un danger à éviter. Pourtant, ce n'est pas de cette peur dont je parle. Là, il s'agit d'une frayeur compréhensible et accessible à la raison devant un danger. Dans ce temps-là, il faut évidemment écouter la peur et se battre ou partir. Fuir ou combattre : les seules issues biologiquement programmées en face d'un vrai danger.

Ici, je parle plutôt de cette peur qui nous tient depuis qu'on est tout petit. Cette peur devant l'inconnu, celle qui nous empêche de croire à notre vie, à notre destin, à notre chemin, à notre chance. Cette peur

31. Peck, Scott. *Op.cit.*

qui nous empêche de parler à un étranger, de tenter sa chance dans un nouveau sport, d'oser aller danser, de faire du canot ou de tout plaquer pour refaire sa vie.

Je parle de cette peur devenue le mal du siècle et qui nous ronge de l'intérieur, au point que parfois, on se retrouve à bouffer de l'anxiolytique tous les jours tellement la vie elle-même nous terrorise.

Je parle de cette peur qui nous révèle à nous-mêmes que l'on a perdu la foi. La foi que tout va bien se passer et que, dans le cas contraire, on a ce qu'il faut pour se relever, fier au moins d'avoir essayé.

Je parle de cette peur qui exige de nous d'avoir tout planifié avant de prendre une décision et qui demande plus de certitude qu'il n'y a de possibilité d'en avoir. Juste histoire de nous empêcher de bouger.

Je parle de la peur-alibi. Celle qui n'existe que dans notre cerveau et qui a pour seul but de consacrer le statu quo.

Je parle de cette peur de tout. Peur de ne pas réussir, peur que tout ne soit pas parfait, peur de ce que les autres vont en dire, peur de ce que la famille pensera, peur d'être rejeté, peur d'avoir peur.

Je parle aussi et surtout de cette peur de se retrouver en face de nous-mêmes, au plus profond de ce qu'on a de plus laid… de ce qu'on croit le plus laid plutôt.

Je parle de ce sentiment anxieux qui vient au monde avec nos idées et qui les tue avant qu'elles ne deviennent des projets.

Je parle aussi de cette toxicité du moi qui, comme le disait Bernadette Picazo[32], préfère de très loin les malheurs connus aux bonheurs inconnus. De ces gestes que l'on pose pour se donner bonne conscience sans risquer de changer quoi que ce soit, tel cet intérêt pour les belles phrases qu'on partage à tout rompre sur Facebook sans jamais se mettre en mouvement. Satisfaits, j'imagine, de les voir écrites sur son mur, elles deviennent des prétexte inconscients : on a fait avancer la cause, a-t-on l'impression.

---

32. Picazo, Bernadette. *Pour en finir avec l'emprise du stress*. Éditions Chiron, 2008.

Du coup, on fantasme. On voudrait un prince charmant, mais on ne regarde pas ceux qui passent tout près. On rêverait de s'installer dans une belle maison, mais on n'économise pas pour l'acquérir un jour. On s'imagine dans les métiers qu'on aurait aimés, mais on se raconte en même temps qu'il est trop tard maintenant.

On se dit qu'on n'est pas prêts, sans réaliser que ça fait plus de vingt ans qu'on se raconte ça.

On vit dans le fantasme, une utopie déconnectée de la réalité et de la vérité. La vérité obligerait à bouger. Le fantasme permet une illusion mentale qui fait croire qu'on y est.

Par la suite, rattrapé par la réalité, on se dit qu'on aura essayé. En fait, la peur aura eu raison de ces rêves.

La peur, il n'y a pas 36 remèdes pour l'apprivoiser, pour la faire taire, pour l'enrayer de nos vies. Il y a de la tolérer et de foncer.

Bien sûr, on fait dans son froc. Bien sûr, il y a un sentiment de panique qui s'empare de soi.

Puis vient la paix, la satisfaction, le calme.

Vivre dans la peur est une chose intolérable et inacceptable et éviter quelque chose pour qu'elle s'en aille est une belle manière de refuser la vie.

Bien sûr, on se dira qu'il faut se préparer pour vivre nos rêves. Pourtant, il y a aussi des préparations qui n'en finissent pas. Et qui nous font louper le plus beau de la vie.

Oh, si vous avez 20 ans, vous avez encore le luxe de vous permettre d'avoir peur quelques années. Même si ce n'est pas une vie. Même si vous n'aurez pas vraiment l'impression d'avancer durant tout ce temps.

Un jour, vous aurez 30 ans. Vous en serez toujours au même point. Mais vous aurez encore le temps.

Viendra 40 ans, et ensuite 50, 60, 70…

Et viendra la mort.

Qu'aurez-vous fait de votre vie ?

Ce qui est vrai, c'est qu'avec l'âge, on devient de plus en plus pressé de s'accomplir, mais de moins en moins capable de prendre des risques.

On a peur de mourir en n'ayant pas réussi.

On a peur de perdre ses acquis, aussi ténus soient-ils.

Personnellement, j'ai choisi de foncer.

Oh, j'ai peur. Une peur bleue. Tout le temps. À chaque pas que je fais.

Vous savez quoi ? J'ai accepté qu'un jour je vais mourir. Et tant qu'à mourir sans avoir réalisé mes rêves, je préfère fermer les yeux définitivement en me disant qu'au moins, j'aurai essayé pour vrai.

La peur, au final, ça ne sert qu'à perdre son temps.

J'imagine, en revanche, que si vous me lisez, c'est que vous en avez marre de perdre votre temps. Vous en avez marre, mais vous êtes peut-être aussi paralysés par la peur.

C'est parfait. Entrons alors dans ces peurs. Décortiquons-les ensemble. Évaluons si ce sont des vraies peurs qui annoncent un danger ou bien des forces de fermeture qui nous empêchent de réaliser nos rêves.

C'est un dernier recoin de notre intérieur qui bloque notre élan vital.

Abordons ensemble, une fois pour toutes, les peurs que nous pouvons avoir et qui nous empêchent systématiquement de réaliser nos objectifs.

La peur comme protection

La peur, dans un premier temps — il est important de le dire —, est une bonne chose. Elle est essentiellement un signal. Un signal biologique. Le saviez-vous ? Lorsque ça se déclenche en nous, c'est que notre cerveau a identifié un danger. À tort ou à raison. Devant ce danger, une série de transformations s'effectue en nous, toutes destinées à nous protéger, toutes coordonnées pour un seul but. Le corps est envahi alors par le cortisol et l'adrénaline. C'est presqu'instantané. Le cœur se met à battre plus vite, le taux de sucre augmente dans le sang, l'oxygène est envoyé aux muscles en abondance, délaissant ainsi d'autres parties du corps. Le résultat est foudroyant : l'énergie disponible est augmentée, nous sommes prêts. À fuir ou à combattre.

Vous l'aurez deviné, cette réaction remonte très loin dans le temps. Si nous avons survécu dans des conditions précaires, c'est que notre organisme a su faire ce boulot qui nous permettait d'être à l'abri de nos prédateurs. C'était alors une excellente chose. On a appelé ça, avec le temps et les recherches, « réponse de stress ».

En fait, la réponse de stress, ce n'est pas encore tout à fait la peur. C'est simplement une réaction automatique de l'organisme. Cette réaction est là pour nous protéger et pour faciliter notre survie. Elle sert, ainsi que je le disais, à fuir ou combattre. Elle est donc également supposée entrer en osmose avec une évaluation instantanée de la force du danger qui va permettre de faire ce choix.

Si nous vivons dans une grotte où nous nous sommes installés pour être tranquilles et protégés et que le danger menace notre existence, le premier choix sera forcément de combattre. Ce choix nous préserve d'avoir à nous réinstaller ailleurs. Il nous protège d'avoir encore à nous adapter à un nouvel environnement. C'est donc préférable, dans la mesure où nous évaluons de façon positive notre chance de gagner le combat. Par ailleurs, si le danger est plus grand que nous, si nous avons plus de chances de nous faire tuer que de gagner, il ne faut plus hésiter et délaisser ces acquis au profit de notre vie. Là, nous nous installerons ailleurs.

Cela se passait, bien sûr, à une époque lointaine où, au final, nous n'avions pas grand-chose à perdre. Pas de maison, pas de boulot fixe, pas de compte en banque. Depuis, l'humanité a augmenté ses acquis matériels, banni pas mal toutes les menaces physiques[33], éloigné les risques d'agression et éliminé les heures nombreuses de travail nécessaires à s'alimenter et à survivre.

Depuis, on a plus de biens matériels, un boulot de neuf à cinq et du temps pour profiter de la vie… En principe. On est devenus des sédentaires. Mais notre système d'alarme interne fonctionne toujours. Sauf que parfois, maintenant, il est déréglé. On s'invente des menaces sans que l'option *combattre* soit utile ou réalisable. Ne reste que la fuite. La réponse de stress est devenue très souvent notre ennemie.

Devant un vendeur qui nous avait promis quelque chose qu'à l'évidence il ne nous donnera pas, le signal de danger se déclenche en nous. Embêtant de lui sauter à la figure. Il faudra utiliser d'autres voies, juridiques, par exemple, pour lui faire respecter sa promesse. Cette voie, même si c'est une forme de combat, n'est pas très compatible avec l'adrénaline qui coule dans nos veines au moment où ça arrive. L'option *combattre* de l'époque, ce n'était pas de prendre son temps. C'était immédiat. C'était physique. On reste alors pris avec cette adrénaline. Cela donne des symptômes physiques. La peur apparaît, conséquence de l'état physique ressenti sans pouvoir agir. Nous sommes remplis d'adrénaline, notre corps pompe le sang aux muscles, le cœur est accéléré et… nous ne pouvons rien faire.

Nous ne pouvons rien faire parce que les menaces nouvelles ne sont pas physiques. La plupart du temps en tout cas. Les menaces nouvelles sont des atteintes à notre intégrité morale, intellectuelle, psychologique. On fera rire de soi, on sera jugé, on sera identifié, catalogué. On reste alors pris avec cette adrénaline qui nous rend inconfortable et on découvre que si on fuit ces situations, l'adrénaline redescend. On prend alors l'habitude de ne pas oser quoi que ce soit, de peur que cet état désagréable revienne. Lentement, très lentement, l'habitude de fuir s'installera.

Parce qu'on se demande ce que les autres vont en penser. Parce qu'on a peur d'être jugés, classés, condamnés, étiquetés. Parce qu'on a

33. Évidemment, ce n'est pas le cas dans plusieurs pays. Je parle ici de notre environnement favorisé.

peur aussi de manquer son coup, de se tromper, de se trouver ridicule. Parce qu'aussi, parfois, on s'est vendu l'idée que c'était dangereux... sauf qu'on ne sait vraiment pas pourquoi. C'est alors une peur diffuse, une sorte d'anxiété de fond qui monte en nous et nous porte à fuir. Fuir les choses que l'on voudrait faire. Fuir les sentiments intérieurs que l'on vit lorsqu'on découvre en soi des envies différentes de ce que l'on a appris.

Quand on est pris dans cette envie constante de fuir, on devient paralysé. Parce que la fuite produit la fuite. Et ça, c'est important et même crucial qu'on le comprenne. La fuite engendre l'anxiété qui engendre la fuite.

En psychologie, on appelle cela l'évitement. C'est toujours catastrophique. Sauf que personne ne vous l'a jamais vraiment expliqué. Prenons alors le temps d'en regarder le mécanisme.

L'évitement de la catastrophe, c'est la catastrophe

Pour comprendre comment fonctionne l'évitement, je vais devoir vous expliquer brièvement la théorie psychologique du conditionnement.

Assoyez-vous confortablement, parce qu'on aborde maintenant une section un peu aride et théorique. Sauf qu'on en a besoin pour comprendre, et j'imagine que si vous êtes de ces personnes qui évitent, vous allez être très intéressées de comprendre comment l'évitement vous pourrit littéralement la vie.

La première chose qu'il nous faut comprendre dans le domaine du conditionnement, c'est la raison pour laquelle nous avons des comportements préférés et d'autres qui ne le sont pas.

Le conditionnement

C'est qu'en fait, nous avons été conditionnés. Dans le jargon psy, lorsque nous avons été renforcés pour un comportement, sa fréquence a augmenté. Quand nous avons été punis, sa fréquence a diminué. C'est tout. C'est simple, n'est-ce pas ? Encore faut-il voir ce que ça implique.

Tout ce que nous faisons répond essentiellement au principe de plaisir – déplaisir. Si nous tirons du plaisir de quelque chose, nous allons recommencer, parce que nous aimons ça. Si nous avons eu du déplaisir en le faisant, nous allons cesser le comportement parce que nous n'aimons pas ça. C'est toujours vrai, mais pas toujours évident.

Supposons ainsi que nous mangeons des framboises et que nous aimons ça. Les framboises entreront dans la liste des aliments que l'on aime et, selon le degré de plaisir que nous avons eu en les mangeant, elles seront placées plus ou moins haut dans la catégorie des aliments préférés. Jusque-là, c'est tout simple. Pourtant, si, suite à notre dégustation de framboises (que nous avons par ailleurs adorées), nous sommes malades et que nous associons ça aux framboises mangées, elles seront tout à coup mises au rancart. Il y a d'ailleurs de fortes chances que nous n'aimions plus jamais les framboises. Qu'est-ce qui s'est passé ? Le plaisir éprouvé en les mangeant n'a pas été plus fort que le déplaisir d'être malade. Le comportement « manger des framboises » a disparu.

Dans le langage psy, le plaisir agit comme un *renforçateur du comportement* et par conséquent, il fait augmenter la probabilité que j'agisse ainsi de nouveau. Le déplaisir agit comme une *punition du comportement* et fait donc diminuer la probabilité que j'aie à nouveau ce comportement.

Tous nos comportements répondent à cela. Même si un comportement a provoqué à la fois du plaisir et du déplaisir, dans la mesure où on le répète, c'est que le plaisir a été plus fort. Dans le cas contraire, c'est que le déplaisir a gagné.

Vous me suivez sans doute assez bien, alors allons plus loin.

Jusqu'à présent, j'ai donné l'exemple d'un plaisir et d'un déplaisir qui ne dépendent de personne d'autre que de moi… et des framboises. Pourtant, l'environnement peut aussi être à la source de plaisirs et de déplaisirs. Ainsi, enfant, je peux être récompensé (et donc renforcé) ou puni par mes parents pour mon comportement. Je peux également l'être par les autres.

Imaginons un enfant qu'on a habillé chaudement pour l'école, un matin, avec ce nouveau chandail qu'on lui a acheté dernièrement en le faisant participer au choix. L'enfant arrive à l'école, tout fier de son chandail — qu'il a choisi lui-même —, puis fait rire de lui par ses amis qui disent que c'est très laid. Du coup, il y a de fortes chances qu'il ne veuille plus jamais le porter et qu'il affirme même qu'il est laid. Pourtant, il l'aimait auparavant.

Dans ce cas, le fait d'avoir été ridiculisé par ses pairs a été à ce point déplaisant qu'il a agi comme une punition par rapport au comportement « mettre le chandail ». Ça peut même être pire encore puisqu'il peut aussi comprendre qu'il n'a pas de goût et perdre complètement sa confiance en lui en matière de vêtements. La « punition » infligée par ses pairs porte en fait sur le chandail. Mais puisque c'est lui qui l'a choisi, il peut très bien élargir ça au fait qu'il l'ait choisi. Du coup, il aura par la suite beaucoup de difficultés à choisir.

Si c'est vrai pour un chandail, c'est vrai aussi pour tout : les élans, les goûts, les attitudes. On voit bien alors à quel point les conséquences des réactions de l'environnement peuvent être néfastes à la croissance de quelqu'un.

Au final, on peut dire que tous nos comportements ont été récompensés, renforcés d'une certaine façon, et ceux que nous n'avons plus ont été « punis ». Ce que cela a donné, c'est une personne qui préfère telle ou telle chose en pensant qu'elle a vraiment choisi ce qu'elle aime alors que c'est plutôt le résultat d'une série de conditionnements.

Une telle façon de voir ne fait pas de place au libre arbitre, n'est-ce pas ? Nous avons peut-être des élans pour agir différemment, pourtant nos réactions intérieures et les réactions de nos pairs nous dictent la plupart de nos comportements, la plus grande partie de ce qu'on aime, et de ce qu'on n'aime pas.

Quand on envisage la vie de cette façon, c'est décourageant. Nous avons l'impression de n'être que des robots qui ne peuvent pas faire de vrais choix conscients.

Et c'est vrai tant qu'on ne devient pas conscient, justement, de cet état de choses.

Le nier ne servirait à rien.

Seulement voilà : nous avons tout de même des élans pour être différent, agir différemment, lorsque nos comportements ne nous conviennent pas.

J'ai personnellement la croyance que si nos comportements n'ont pas vraiment été choisis, il est en revanche possible de changer cet état de chose.

Nous avons relégué certaines parties de ce que nous sommes dans l'ombre parce que « ça ne se faisait pas », parce que « les autres n'allaient pas apprécier », parce que « ce n'était pas politiquement correct », parce que…

Vous me suivez ? Dans cette perspective, toute une partie de nous-mêmes n'a pu être révélée au grand jour à cause, précisément, de ces conditionnements.

Il y aura quand même un jour où tout cela aura envie de sortir de nous. Ce qui se produira à ce moment-là, ce sera de l'anxiété. De la peur, en fait.

Prenons un exemple. Supposons qu'en moi se trouve une capacité immense de créer. Tout au fond de moi, se trouve un artiste qui aurait un talent fou. Supposons aussi que j'aie été élevé dans un milieu qui décourage tout élan artistique au profit d'une vie rangée et terre à terre. Il est bien possible que j'aie fait taire en moi cet élan pour obtenir l'approbation de mes pairs. Mais c'est toujours là, quelque part. On ne peut nier éternellement ce qu'on est. Pourtant, à chaque fois que mon élan créateur se pointera le bout du nez, ne serait-ce que pour oser une nouvelle couleur sur le mur de mon salon, la peur interviendra sous forme de « mais qu'est-ce que les gens vont penser » et le risque de faire à nouveau taire ma créativité sera immense.

Ainsi, de larges parties de ma personnalité seront cachées pour répondre aux attentes de l'environnement, des comportements pathologiques pourront même prendre place parfois en moi, mais tôt ou tard, ces parties ressurgiront, demanderont d'être exprimées. C'est alors que j'éprouverai des peurs.

L'origine de la peur, c'est l'identification par le cerveau d'un danger. Ce danger peut être de l'ordre de la survie, auquel cas il faut l'écouter. Ce danger peut aussi avoir été conditionné de mauvaise façon, auquel cas il faut le surmonter.

L'évitement

Le problème, c'est que l'anxiété que nous vivons est une chose très désagréable à supporter. En fait, parmi tous les états intérieurs de l'être humain, l'anxiété est probablement un des pires. Vite, nous voulons nous en débarrasser. Nous voulons que ça s'arrête. Or, l'un des moyens que ça s'arrête rapidement est l'évitement. La fuite devant le comportement ou la situation source d'anxiété.

L'évitement a ceci de particulier qu'il est facile, rapide et efficace. Il repose sur l'absence d'action.

Si je reprends l'exemple de tout à l'heure concernant la créativité et que je me retrouve dans une quincaillerie devant les pots de peinture. Je suis très attiré par une couleur criarde. Mon élan créateur se manifeste tout à coup et j'aurais bien envie de l'essayer dans mon salon. La simple pensée des critiques possibles, de ma conjointe qui m'accuse d'avoir gaspillé de l'argent, des enfants qui crient « beurk » risque de suffire à me détourner de cette envie. Qu'est-ce qui s'est passé ? L'association entre cette couleur et les réactions des gens a généré suffisamment d'anxiété pour que je la fasse taire immédiatement. Ça a été instantané.

Remarquez bien. J'ai simplement cessé de penser à essayer une autre couleur. C'est le plus facile, le plus rapide et le plus efficace. En n'y pensant plus (absence d'action), j'ai fait complètement taire l'anxiété qui se pointait à l'horizon.

Évidemment, ma créativité ne renoncera pas si facilement. Elle reviendra sous forme d'un autre désir qui suscitera aussi beaucoup d'anxiété. Je risque alors d'éviter de la même façon que les pots de peinture.

À la longue, cette créativité réclamera son dû. Elle insistera pour apparaître. Cependant, comme j'aurai systématiquement développé l'art de l'évitement, je continuerai d'éviter. Ma créativité insistera, faisant monter encore plus l'anxiété. Je résisterai encore en évitant. Insistance, anxiété, évitement. Insistance, anxiété, évitement… Lorsque je serai pris dans ce cycle infernal, je serai malheureux mais je n'aurai pas de solution, enfermé à l'intérieur d'un cercle d'où est exclu la seule façon de s'en sortir : cesser d'éviter et tolérer l'anxiété.

Pourquoi cela sera ainsi ? Tout simplement parce que l'évitement rend encore plus difficile l'affrontement. La baisse d'anxiété récompense l'évitement. On sera donc toujours tenté de recommencer.

Il est très important de comprendre cela. Suivez-moi bien.

Une envie arrive. N'importe quoi. Monter dans un ascenseur, acheter un pot de peinture d'une couleur criarde, aller faire une tournée dans les boîtes. Peu importe. Une envie qui suscite de l'anxiété, de la peur.

Le sujet de la peur, ce n'est pas l'envie. C'est l'idée qu'on s'en fait : je vais me tuer en ascenseur, mon conjoint va penser que je gaspille, on rira de moi. Ce sont ces idées qui font monter l'anxiété. Or, l'anxiété est quelque chose de difficile à tolérer. L'évitement permet instantanément de la faire disparaître. Par conséquent, on vivra un sentiment de bien-être aussi intense que le mal-être produit, quelque temps plus tôt, par l'anxiété. Ce sentiment de bien-être, tellement grand, viendra alors renforcer l'idée que je l'ai échappé belle et que j'avais raison de penser que les gens riraient de moi, que je me tuerais dans l'ascenseur, etc. Ayant renforcé cette idée, elle sera donc plus grande la prochaine fois. Résultat ? L'anxiété étant plus forte, la tentation d'évitement sera plus grande.

Une croyance populaire dit que si vous faites un accident, vous devez reconduire votre voiture le plus vite possible, sinon vous risquez de ne plus vouloir conduire. Cette croyance est exacte et vous êtes maintenant en mesure de comprendre pourquoi. En évitant de conduire, je récompenserai l'idée que j'aurai certainement un autre accident. La prochaine fois, je serai encore plus convaincu que j'aurai un accident et je serai tenté d'éviter davantage la conduite.

Si j'évite de monter dans un ascenseur, la prochaine fois, il sera plus difficile de le faire.

Si j'évite la soirée, la prochaine fois, il sera encore plus difficile d'y aller.

La peur engendre la peur. Toujours. Il n'y a aucune exception.

Il en va de même de mes rêves. Plus je vais éviter de m'accomplir, plus il sera difficile de le faire ensuite.

Jusqu'à ce que la peur envahisse tout et me fige complètement. Et je renoncerai.

Accepter d'avoir peur

Personne ne veut avoir peur. C'est bien pour ça d'ailleurs qu'on passe son temps à éviter les actions qui la suscitent. Pourtant, elles reviennent constamment. Souvent plus fortes. Souvent plus paniquantes. Je vous en ai expliqué le mécanisme plus haut. C'est inévitable. L'évitement augmente la peur.

Il faudra donc les éliminer autrement. Pour ça, il n'y a pas des tonnes de solutions. Il faudra les affronter.

Oui, je sais. La seule pensée d'affronter ses peurs est déjà extrêmement anxiogène. Beaucoup d'entre vous se diront: «oh, mais je suis incapable de les affronter». C'est faux. C'est votre peur qui vous fait dire ça. Êtes-vous heureux avec vos peurs ? Elles ne disparaîtront pas comme par miracle. Vos peurs ont été fabriquées par votre cerveau et alimentées par vos évitements. Si vous continuez d'éviter, vous continuerez à avoir peur. C'est comme ça.

Peut-être vous dites-vous que vous n'êtes pas prêt ? C'est tout aussi faux. Dans votre cerveau, l'idée d'attendre d'être prêt est une idée piège qui vous vient pour éviter encore d'affronter vos peurs, parce que votre cerveau sait très bien que pour les affronter, il faudra avoir peur et qu'il ne veut pas que ça arrive. Dans le sens que vous donnez à cette idée, vous ne serez donc jamais prêt.

Il serait peut-être temps de vous demander ce que vous voulez. Oser votre vie en toute conscience et en toute liberté ou rester enfermé dans vos peurs, incapable de vous mettre en route pour réaliser vos rêves ?

Il est temps de vous décider. Tout votre corps tremble peut-être maintenant. Il a peur. Il vous crie : pas tout de suite. Répondez-lui : quand alors ? Dans dix ans, dans vingt ans, jamais ? N'avez-vous pas toujours rêvé d'être vous-même ? N'avez-vous pas toujours espéré y arriver ? N'êtes-vous pas fatigué de vous cacher derrière des habitudes qui ne vous reflètent pas, derrière des attitudes qui vous empêchent de venir au monde ?

Par ce livre, vous prenez conscience de vos rêves et de vos aspirations. Vous déterminerez peut-être même votre mission de vie. Vous entrevoyez enfin ce que vous voulez être profondément. Vous hésitez à continuer ? Préférez-vous vraiment vous faire croire que vous n'en êtes pas capable alors que c'est faux ? Vous avez vraiment envie, au moment de votre mort, de goûter la sensation amère que vous avez raté votre vie en sauvant les apparences ?

Il est maintenant temps d'affronter vos peurs. Tout de suite.

Ne mettez pas trop vite de côté ce livre en vous disant : oh, je ferai ça plus tard. C'est encore de l'évitement. Plus tard, vous aurez encore plus peur que maintenant. C'est vraiment là, tout de suite, qu'il vous faut faire ça. Immédiatement.

C'est un choix. Vous avez le dernier mot.

CHAPITRE 9

Changez vos attitudes

L'attitude juste consiste à permettre la transformation en abandonnant nos sécurités trompeuses et en épousant le mouvement créateur universel.

GUY CORNEAU[34]

Au cours de notre existence, nous avons acquis des habitudes, des façons de réagir à la vie, des manières d'appréhender le monde qui ne nous ont pas toujours réussi. Il faut pouvoir changer cela au plus vite pour s'ouvrir à autre chose.

Les dix attitudes que je vais vous présenter maintenant sont une sorte de synthèse de ce qui circule actuellement en développement personnel, et c'est aussi le résultat de ma propre expérience. Elles élargiront votre champ de vision et vous permettront de profiter pleinement de ce que la vie vous offre.

Elles ne sont jamais acquises définitivement et vous les oublierez souvent. Vous aurez donc à y revenir de temps à autre, particulièrement lorsque la vie fera en sorte que ça soit moins rose pour vous, lorsque

34. Corneau, Guy. *Op. cit.*

les choses sembleront se défaire. Vous en aurez besoin pour tout réassembler d'une meilleure façon avec une compréhension neuve et de nouvelles prises de conscience.

1. Restez conscients de votre libre arbitre

Dans ma compréhension de la vie, nous avons chacun un parcours de vie dont la durée est inconnue et au cours duquel nous devons exercer notre libre arbitre.

Durant ce parcours, les choses arrivent. Quelquefois heureuses, quelquefois malheureuses. Elles arrivent et sont à vivre.

Très souvent, elles sont la conséquence des choix que nous avons effectués. D'autres fois, ces événements se produisent sans que nous n'ayons fait quoi que ce soit. Mais toujours, elles amènent d'autres choix possibles. Ça s'appelle le libre arbitre. La liberté, si vous préférez.

Bien sûr, vous pourrez vous dire que la vraie liberté n'existe pas, que nous sommes tous plus ou moins conditionnés par notre éducation, par la société dans laquelle nous vivons, etc. Et vous aurez raison. Mais ce n'est pas de cela dont je parle. Nous pouvons tous regarder la vie avec l'œil attentif aux choix que nous n'avons pas. En faisant cela, nous détournons notre attention des choix qui sont les nôtres. Ceux que, tous les jours, nous prenons. Et la conséquence de cela est que nous perdons notre pouvoir. Quel pouvoir ? Le pouvoir de choisir, bien sûr.

Nous passons le plus clair de notre vie à agir en pensant que nous n'avons pas le choix. Notre discours même est le résultat de cette façon de penser. Nous nous exprimons avec des « il faut que », « je dois », et nous vivons ainsi. Comme si la vie était une simple série d'obligations à accomplir.

Nous croyons très fort à ces obligations. Pourtant, ce sont tous des choix. La vérité, c'est que presqu'aucun des « il faut » qu'on se donne n'est vrai. À moins, bien sûr, qu'il ne s'agisse d'une question de vie ou de mort.

Faites un petit exercice. Prenez papier et crayon et notez les « il faut » ou les « il ne faut pas », les « je dois » ou « je ne dois pas » que vous vous êtes dits aujourd'hui. Juste ceux d'aujourd'hui. Notez ensuite à côté ce qui serait arrivé si vous ne l'aviez pas fait. Essayez.

Par exemple : « il faut que je passe l'aspirateur »… sinon « il y aura des mousses sur le plancher » !

Faites l'exercice sans exagérer les « sinon ». J'aurais pu écrire au sujet de l'aspirateur « sinon la maison va être sale », mais en fait, ce n'est pas vrai. Ce qui est réel, c'est qu'il y aura de la mousse ou des graines sur le plancher. L'aspirateur à lui seul ne nettoie pas toute la maison.

Faites-le en notant la conséquence réelle de ne pas obéir à votre injonction.

Ça y est ? Et alors ? À quel endroit dans les « sinon » avez-vous noté que quelqu'un mourrait si vous n'aviez pas effectué la tâche « exigée » ? Aucun, n'est-ce pas ? Pourtant, la seule perspective de transgresser ces « il faut » nous amène une anxiété si importante que tout se met en branle en nous pour éviter que cela ne se produise. C'est comme s'il allait se produire des conséquences tellement fâcheuses à cela que nous préférons continuer à prétendre qu'il n'y a pas de choix. Nous reviendrons d'ailleurs plus tard à ces conséquences tellement anticipées.

Ce qui importe, pour l'instant, c'est de retrouver notre sentiment de liberté. Cette liberté existe, mais la plupart du temps nous n'en avons pas conscience. Pour cela, je vous propose un exercice qui devrait s'étaler sur deux ou trois jours. C'est un exercice fort simple et qui, pourtant, exigera quand même de vous une certaine audace. Cela m'a été proposé un jour par un psychologue qui me suivait depuis longtemps. Il a été très bénéfique. Essayez-le.

Pendant les trois prochains jours, avant de faire quelque chose, vous devrez choisir de le faire. Par exemple, lorsque vous arriverez à un carrefour et que vous « devrez » tourner à droite (à cause de votre chemin et non à cause du code de la route), dites-vous intérieurement : « je choisis de tourner à droite ». Continuez ainsi : « je choisis d'aller tout droit », « je choisis de tourner à gauche », « je choisis de me stationner là », « je choisis de descendre de mon véhicule », « je choisis de marcher jusqu'à la porte de la maison », « je choisis d'ouvrir la porte » etc. Vous comprenez ? Vous pouvez aussi le faire avec toute activité : « je choisis de m'asseoir au salon », « je choisis de prendre la télécommande du téléviseur », « je choisis d'ouvrir la télé », « je choisis d'écouter l'émission qui est présentement en cours », etc... Chaque fois que vous ferez quelque chose, choisissez-le. Si vous vous dites alors : « en fait, je n'ai pas vraiment le choix », transgressez votre injonction intérieure. Par exemple, arrivé au carrefour, au moment de vous dire « je choisis de tourner à droite », si vous vous dites intérieurement que vous n'avez pas vraiment le choix puisque c'est le chemin de la maison, tournez à gauche. Seulement pour vous prouver que vous aviez effectivement le choix. Bien sûr, vous me direz que cela vous retardera puisque vous aurez à faire des détours pour vous rendre à la maison. Et vous aurez raison. Sauf qu'en même temps, vous aurez prouvé que si vous décidez de tourner à droite, ce n'est pas parce que vous n'avez pas le choix, mais parce que vous choisissez le chemin le plus court pour arriver chez vous. Il en va de même pour chaque chose. Il s'agit de choix que vous faites. Choisir le contraire aurait provoqué plus de difficultés et vous avez donc choisi ce qui est le plus pratique. Si vous ne tournez pas la poignée de la porte d'entrée, vous n'entrerez pas dans la maison. Et alors ? Vous pourriez choisir de ne pas entrer dans la maison. Il s'agit d'un choix et non d'un destin tragique.

Par ailleurs, il est inutile d'en avoir une compréhension rationnelle. Faites-en l'expérience. Essayez pendant trois jours. Décidez de chaque action jusqu'à ce que vous sentiez la portée immense de la phrase : « On a toujours le choix. »

Une fois l'exercice complété, notez pour vous-même ce que vous avez vécu en le faisant. (Vous pouvez bien sûr lire la suite maintenant, mais je vous conseille d'y passer uniquement quand vous aurez terminé l'exercice.)

Avez-vous maintenant conscience que tout est choix dans la vie ?

Avez-vous remarqué aussi que la plupart du temps, nous ne choisissons pas l'action, mais la conséquence de cette action ? Vous n'avez pas choisi de tourner à droite, en fait. Vous avez choisi d'arriver plus vite à la maison. Vous n'avez pas choisi d'ouvrir la télé. Vous avez choisi d'écouter une émission en particulier. Du coup, il devient évident que les « il faut » ne sont imposés que par ce que nous voulons et choisissons : « si je choisis d'arriver plus vite à la maison, alors il faut que je tourne à droite ». Sauf que je pourrais fort bien choisir que je ne suis pas pressé d'arriver vite à la maison et que j'ai envie de faire un tour.

La vérité sur notre existence est que nous faisons continuellement les choix que nous voulons et que nous pourrions choisir autre chose.

N'est-ce pas merveilleux ?

Redisons-le :

Nous faisons continuellement des choix à partir de ce que nous voulons.

Cette prise de conscience nous redonne ainsi une partie de notre pouvoir puisque nous réalisons que nous sommes dans l'illusion quand nous pensons « qu'il faut » faire telle ou telle chose. Cette obligation n'est que le résultat d'un choix.

Si vous revenez à la liste de vos « il faut », vous verrez que vos « sinon » représentent vos vrais choix. Si vous avez choisi que le plancher soit propre, vous êtes donc dans l'obligation d'en faire le ménage. Mais est-ce que ce choix ne cache pas quelque chose de plus important ?

Chacune des conséquences notées représente *quelque chose qui n'est pas agréable*. « Il faut que je passe l'aspirateur » et si je ne le fais pas, « *il y aura de la mousse sur le plancher* ». Vous me suivez ? Demandons-nous ce que ça cache.

Reprenez une conséquence désagréable que vous avez notée et posez-vous la question suivante jusqu'à ne plus avoir de réponse : « et qu'est-ce qui va se passer si… »

Voici un exemple.

Je dois passer l'aspirateur…

Qu'est-ce qui va se passer si je ne le fais pas ?

Il y aura de la mousse sur le plancher…

Et qu'est-ce qui va se passer s'il y a de la mousse sur le plancher ?

Je vais me sentir paresseux.

Et qu'est-ce qui va se passer si je me sens paresseux ?

Je ne m'aimerai pas.

Vous voyez où je veux en venir ? Je choisis de passer l'aspirateur pour continuer de m'aimer. Essayez maintenant de le faire avec quelques-unes de vos propres conséquences. Pas besoin d'écrire le « qu'est-ce qui va se passer ». Écrivez où ça vous mène en utilisant des flèches, question d'éviter la perte d'espace. (Au fait, devez-vous le faire comme je vous le demande ? Absolument pas ! Osez être libres.)

Je dois passer l'aspirateur. → Il y aura des mousses sur le plancher. → Je me sentirai paresseux. → Je ne m'aimerai pas.

À votre tour.

Et alors ? Avez-vous remarqué que, pour chaque choix contraire à nos injonctions intérieures, il y a quelque chose de très négatif qui, la plupart du temps, concerne notre personne et non l'objet dont il est question ? Pire, chaque choix de respecter nos injonctions intérieures *n'est pas un choix positif,* mais un choix pour éviter quelque chose de négatif. Vous ne devez pas passer l'aspirateur pour qu'il n'y ait pas de mousse sur le plancher, mais pour éviter de vous traiter de paresseux et de ne pas vous aimer. Vous ne devez pas préparer le repas pour que les vôtres aient quelque chose de bon à manger, mais pour éviter qu'ils pensent de vous que vous êtes négligent. Nous pourrions continuer comme ça longtemps.

Chaque injonction intérieure cache un évitement. Ainsi, la plupart du temps, vous n'agissez pas pour votre bien, mais pour éviter de vous considérer ou d'être considéré comme un moins que rien.

Une fois débusquée la motivation profonde de vos choix et, par conséquent, des obligations que *vous* vous donnez, vous pourrez dès lors décider de faire d'autres choix si vous en avez envie. Pour certains choix, ça sera facile, pour d'autres, vous devrez vous déprogrammer de certaines croyances intérieures comme la conviction que vous êtes quelqu'un qui n'est pas aimable ou qui est paresseux quand il choisit de se reposer plutôt que de passer l'aspirateur. Cela dépasse, évidemment, le cadre de notre expérience ici, mais il est facile d'y arriver en utilisant des moyens expéditifs. À cet égard, la programmation neurolinguistique (PNL) peut grandement vous aider. D'autant plus que vous saurez, en vous présentant au praticien, de quelle injonction inutile vous voulez vous débarrasser.

Allons plus loin.

Le libre arbitre a ceci de particulier que lorsqu'on l'a utilisé, on ne l'a plus. Pour ce choix spécifique, du moins.

Si un jour vous avez fait un choix qui vous a conduit par exemple, à perdre un bras, il va de soi qu'aujourd'hui, vous n'avez plus ce choix ni tous ceux qui impliqueraient deux bras.

Cela nous amène à nous poser une question plus générale. Si j'ai fait des choix pendant 20, 30, 40 ou 50 ans, il y a maintenant beaucoup de possibilités que je n'ai plus. Il serait dès lors très facile de vous convaincre que vous n'avez plus du tout de libre arbitre ayant utilisé toute la réserve à votre disposition. Attention ! Cette façon de penser pourrait vous entraîner, une fois de plus, à perdre votre pouvoir.

Il est surtout vrai, comme toute la vie est une somme de choix, qu'une fois que vous en avez utilisé un, il en découle d'autres du premier. Vous ne pouvez pas revenir en arrière, mais vous pouvez faire d'autres choix qui découlent du premier. Pour prendre un exemple simple, si vous avez fait le choix d'un plat particulier au restaurant et que la commande est passée, vous ne pouvez probablement plus changer d'idée. Cependant, si ce plat ne s'avère pas à votre goût, vous pouvez choisir autre chose, quitte à payer tout de même le premier, puisque le choix de ne pas commander ce premier plat n'existe plus.

Beaucoup de gens ne se trouvant pas libres voudraient en réalité refaire des choix qu'ils ont déjà faits. La plupart du temps, ce n'est pas possible. Et quand cela arrive, nous ne sommes plus dans l'univers du « je dois ». Nous venons d'entrer dans l'univers du « j'aurais dû ». Un univers sordide, plein de regrets, de remords, de retours inutiles vers un passé qui est révolu et qui, surtout, est à assumer.

2. *Prenez responsabilité de votre vie*

Quelle attitude majeure, dans une vie, que celle d'en prendre la pleine responsabilité ! En psychologie, cela s'appelle avoir un « centre de contrôle interne » par opposition au « centre de contrôle externe ».

En fait, cela consiste d'abord et avant tout à nous attribuer nos réussites et nos échecs plutôt que d'en attribuer la faute aux autres.

Supposons en effet que vous ayez passé un examen et que vous l'ayez échoué.

Celui qui est en centre de contrôle externe dira que l'examen était trop difficile, que c'est le professeur qui a voulu être vache avec les élèves, que ce n'était pas le bon moment pour le passer.

Au contraire, celui qui est en contrôle interne dira qu'il n'avait pas assez étudié.

Vous me direz que le professeur était peut-être réellement vache. Possible. Sauf qu'à cela, on ne peut rien. C'est le même professeur qui fera la reprise. Ce sera le même genre d'examen. Et puis quel est votre objectif ? Démontrer que le prof est vache ou passer l'examen ?

En acceptant de prendre responsabilité de cet examen, nous nous protégeons en mettant l'emphase sur ce qu'on peut en tirer et sur ce qu'on peut faire. Pour avoir du pouvoir sur cette situation, étudier en fonction d'un examen vache apparaît alors une meilleure solution que d'échouer une deuxième fois.

Bien sûr, il y aura des situations où vous serez quand même dans une impuissance complète. Vous aurez beau vous demander comment prendre responsabilité de ce qui arrive, il n'y aura rien que vous pourrez y faire. Vous devrez alors accepter[35] et, si vous le pouvez, simplement décider d'en sortir.

Prendre responsabilité de sa vie, c'est cultiver l'art de discerner ce qu'on peut réellement faire dans telle ou telle situation et se donner la liberté d'agir en toute connaissance de cause. C'est aussi cesser d'en attribuer la responsabilité aux autres.

Une bonne façon d'y arriver est de se demander en toutes circonstances : « Qu'est-ce qui dépend de moi dans cette situation ? Sur quoi ai-je du pouvoir ? »

Les alcooliques anonymes ont cette prière où ils demandent à Dieu de leur donner la sérénité d'accepter ce qui ne peut être changé, le courage de changer ce qui peut l'être et la sagesse d'en faire la différence.

C'est la seule manière d'avoir de la liberté et du pouvoir.

Non pas sur les autres, mais sur soi-même.

N'est-ce pas là ce qui importe le plus ?

3. Restez dans le présent

Ah, ce fameux présent. Comme c'est difficile d'y rester. Et ce n'est pas d'aujourd'hui. Si vous avez des enfants, vous avez certainement entendu des centaines de fois la phrase fatale qu'ils prononcent chaque

35. Accepter une situation, c'est reconnaître qu'elle est là et qu'éventuellement, je n'ai pas de pouvoir dessus. Il n'est pas question ici d'accepter au sens d'« être d'accord ».

fois que l'on est sur la route, cette phrase qui énerve parce que trop répétée : « Quand est-ce qu'on arrive ? »

Les enfants ont la capacité d'être dans le présent, bien sûr, mais uniquement pour ce qui les intéresse. Ils n'ont pas encore la capacité de « rester là » lorsque ça ne les intéresse pas ni de trouver, dans ce qui ne les intéresse pas, quelque chose qui vaille la peine de s'y attarder.

« Quand est-ce qu'on arrive ? », c'est la phrase indiquant que tout notre être est tendu vers ce qui va se passer et non ce qui se passe. On a beau leur répondre : « Pas tout de suite. Profite du paysage », eux, ils n'en ont rien à faire du paysage. Ils ont hâte d'en être à l'activité promise ou au lieu attendu. Point. C'est à nous de leur enseigner le présent. Mais voilà ! Y sommes-nous réellement ?

En réalité, nous passons beaucoup de temps dans le futur ou dans le passé. À avoir hâte à ce qui vient ou à regretter ce qui est fini.

J'en sais quelque chose. Lorsque j'avais seize ans, ado jusqu'au bout des ongles et dans les drames perpétuels des changements hormonaux, j'avais commencé à écrire des chansons.

Je me souviens de la première comme si c'était hier. En bon adolescent, j'y parlais de la vie, des drames qu'elle pouvait contenir, de la peine qu'on pouvait avoir. Je l'avais intitulée :

« J'ai toujours hâte à demain. »

C'était ça ma solution. Attendre à demain. Sauf que le lendemain, je la chantais encore. Je n'avais pas compris que le pouvoir, le seul vrai qui existe, il est dans le « maintenant ». Et nous sommes tous un peu comme ça. Surtout quand ça va mal. Qui n'a pas endossé au moins une fois cette maxime bien connue : « Demain est un autre jour » ?

Il en va de même pour le passé qui nous obsède. Nous regrettons que soient terminés les moments heureux, ressassons sans cesse des moments malheureux où nous nous racontons que nous aurions dû agir autrement tout en sachant que nous n'y pouvons plus rien.

Notre corps, cet allié

Tout se passe dans la tête, en fait. C'est notre cerveau qui a cette capacité de retourner dans le passé ou d'anticiper le futur. Notre corps, pendant ce temps, est toujours dans le présent.

Essayez ceci : quand vous avez de la difficulté à vous ramener dans le présent, utilisez votre corps comme support pour y arriver.

Votre corps est totalement incapable d'être dans le passé ou le futur. Il ne peut être que dans le présent. Ainsi, pendant que vos yeux lisent ce livre, il est possible que votre tête parte ailleurs. Vos yeux, eux, continuent simplement de voir ce livre.

Portez attention aux caractères du livre, à sa reliure, à la texture du papier. Utilisez vos sens pour vous centrer complètement sur lui.

Automatiquement, vous voilà revenu dans le présent.

Tous vos sens sont à votre service pour vous y ramener. Si vous arrivez à être dans votre corps, vous serez automatiquement dans le présent.

Bien sûr, plus le stimulus est intense, plus c'est facile. Essayez d'être dans le passé ou le futur quand vous faites l'amour. Impossible ? Non, ça arrive. Mais lorsque ça arrive, c'en est fini de vos ébats. Vous n'êtes plus là. Vous n'y arrivez plus. Faire l'amour nécessite que l'on soit complètement présent. Dans toute son entièreté.

Je vous propose un défi. Demain matin, faites griller une tranche de votre meilleur pain[36]. Tartinez-le ensuite avec ce que vous préférez, puis coupez-le en neuf parties. Oui, je sais, chaque part est toute petite, sauf que c'est justement l'idée. Essayez alors de manger chacune des neuf parts en ne pensant qu'à ça. En étant complètement dans votre bouche à déguster ce que vous aimez le mieux. Demandez-vous ensuite pour combien de parts vous avez réussi à être complètement présent: une, trois, neuf ? Probablement très peu. Refaites l'exercice régulièrement.

36. Il y a des gens qui n'aiment pas le pain. Vous pouvez faire l'exercice avec n'importe quoi, pourvu que les parts soient petites.

Étendez-le à d'autres activités. Tentez d'être complètement présent à ce que vous faites.

Votre corps est votre allié pour vous ramener ici et maintenant. Utilisez-le.

Nier, c'est fuir le moment

Très souvent, nous vivons des expériences malheureuses et nous optons naturellement pour ne pas en parler ou ne plus y penser. En faisant cela, nous tombons dans le déni et refoulons nos émotions. Cela nous semble adéquat sur le coup et ça peut même parfois l'être si ça fait trop mal, sauf que par la suite, quand la douleur retombe, il faut régler ce qui s'est passé.

Nous l'avons vu, ce qui est évité vient renforcer l'évitement et contribue à perpétuer un problème.

Ne niez donc rien, c'est une forme d'évitement. Cela vient renforcer la négation. Vivez plutôt dans l'accueil de ce qui se passe.

Certains auteurs appellent cela vivre le présent. C'est en réalité beaucoup plus que cela.

Il s'agit ici de reconnaître ce qui se passe en vous au moment où ça se passe. Vous êtes bien ? Profitez-en. Vous avez peur ? Affrontez votre peur. Vous êtes triste ? Pleurez. Vous êtes en colère ? Retirez-vous quelque part et exprimez cette colère haut et fort. Sortez-la de vous une bonne fois pour toutes. Non ! Pas devant la personne qui est l'objet de votre colère. Seulement pour vous-même. Pour vous vider de cette colère. Pour ne plus avoir à la porter. Par la suite, vous pourrez exprimer votre désaccord à la personne concernée de façon sereine et posée.

En réalité, ce qui est à vivre est à vivre maintenant. Le passé est terminé et le futur n'est pas encore là. C'est ce qui nous reste à voir ici.

Ce passé qui nous hante tant

Vous l'avez souvent entendu : « Laissez le passé derrière vous. Il est terminé et vous n'en avez plus rien à faire. » Pourtant, nous nous retrouvons souvent là et il semble bien que ça ne soit pas si évident de faire taire ce fichu passé. Il nous hante. Il nous revient. On a beau le chasser, il récidive.

La plupart du temps, il y a deux raisons pour lesquelles le passé revient : nous regrettons que soit terminée une chose qui était belle, ou bien nous regrettons un événement que l'on n'a pas aimé.

Dans le premier cas, il s'agit d'un appel à faire un deuil. C'est une grande tâche, toujours à recommencer dans nos vies. C'est, en fait, l'une des trois grandes tâches que nous avons à effectuer et j'y consacre un chapitre entier (voir le chapitre 11) tellement c'est important.

Faire ses deuils implique d'ailleurs non seulement d'accepter que ce qui était n'est plus, mais aussi d'en retirer ce que nous avons appris. Tant que l'héritage[37] n'est pas intégré, la tentation d'y retourner se fera à nouveau sentir.

Le mieux, lorsque ça se produit, est d'y porter attention. Non pas pour regretter, mais pour le pleurer complètement, puis en retirer le meilleur.

Dans le deuxième cas, nous ressassons le passé parce qu'un événement s'est produit et que nous le regrettons. La plupart du temps, il s'agit de se reprocher nos actions et nous tombons dans les « j'aurais dû ». Bien sûr, il faut faire le deuil de ce qui est révolu, mais plus encore, l'enjeu est de nous pardonner ce qu'il y a à pardonner. Nous sommes les seuls, en général, à encore nous le reprocher.

Il me vient un épisode de ma vie. J'avais 17 ans et j'avais rencontré une jeune fille pour laquelle j'éprouvais, à l'époque, ce que je considérais être un amour fou. À 17 ans, on vit souvent des amours fous ! Or, j'étais jaloux. D'une jalousie sans bornes, contrôlante et maladive. Imaginez le pire : j'étais tout ça. Tout était prétexte à lui faire des reproches. Un jour, alors qu'elle s'était attardée quinze minutes, après le travail, pour discuter un peu avec le cuisinier (elle travaillait dans un restaurant comme serveuse pour payer ses études), gonflé par mon ego qui ne souffrait pas d'attendre quinze minutes, j'avais battu

37. L'expression « héritage » est de Jean Monbourquette.

mes propres records de reproches, la traitant d'égoïste, l'accusant de vouloir être en couple avec ce cuisinier (là encore, imaginez tout ce que vous voulez, c'était sans doute pire que ça).

Elle m'a supporté dix mois, puis m'a laissé brutalement, juste avant Noël. (Je vous entends lui dire : bravo !)

Pendant longtemps, j'ai pleuré cette relation. Pendant longtemps, j'ai regretté d'avoir agi ainsi. Je me le reprochais si fort que je n'arrivais pas à m'en remettre. Lorsque je me suis pardonné cette attitude et que j'eus terminé mon deuil, je n'ai plus jamais été jaloux de ma vie.

Nous utilisons beaucoup le passé pour nous condamner nous-mêmes et nous raconter l'histoire que nous ne sommes pas bien, pas adéquats, pas O.K., comme disait Éric Berne[38].

Le premier pardon à accorder est toujours à nous-mêmes, dans ce que nous considérons comme nos erreurs. Les *Alcooliques Anonymes* ont compris cela et arrivent à cesser de boire en se pardonnant leurs erreurs, en les réparant, autant que possible, et en s'assumant sans jugement comme alcooliques.

Cesser de regretter le passé, c'est d'abord faire nos deuils. C'est ensuite traquer la mésestime de soi qui subsiste dans tous ces regrets afin de se pardonner et de s'accueillir sans jugement. Le jugement de soi est une forme de maltraitance. J'y reviendrai dans la quatrième attitude de ce chapitre.

On ne connait pas le futur : inutile d'anticiper des catastrophes !

Nul ne sait ce qui arrivera tout à l'heure. Encore bien moins dans deux jours ou dans un an. Pourtant, nous passons beaucoup de temps dans l'anticipation. Et lorsque nous anticipons, c'est rarement pour se vautrer dans des sentiments positifs. En fait, nous anticipons la plupart du temps des catastrophes.

---

38. Éric Berne est un médecin psychiatre américain ayant fondé une méthode de psychothérapie appelée « analyse transactionnelle ». Selon lui, la « position de vie » idéale est celle où l'on se considère « O.K. » et où l'on considère aussi l'autre « O.K. ».

Essayez d'anticiper du beau, vous verrez. Imaginez, par exemple, que vous gagnerez à la loterie cette semaine et que vous deviendrez millionnaire. Essayez ensuite de ressentir toutes les émotions associées au fait de devenir millionnaire. Impossible, n'est-ce pas ?

Pourtant, si vous vous imaginez que vous avez un cancer, vous ressentez immédiatement les émotions négatives liées à cet état. Vous utilisez tous les signes physiologiques que vous voyez (quand vous n'en inventez pas) pour vous convaincre que c'est effectivement ce qui va se passer. Vous voyez tout comme signe annonciateur de la catastrophe.

Malgré tout, je vous assure que ces émotions ne sont pas celles que vous auriez si vous aviez effectivement un cancer, mais plutôt celles que vous imaginez que vous auriez si tel était le cas. Vous êtes dans un imaginaire inutile.

Pendant quelques semaines, il y a maintenant un certain temps, j'ai eu un client qui avait peur d'être séropositif. Il avait eu un été rempli d'activités sexuelles à risque et le médecin lui prescrivant le test de dépistage lui avait fait très peur en lui disant : « Ça ne m'étonnerait même pas que tu sois séropositif. »

Lorsqu'il s'est présenté à mon bureau, il était livide. Il n'arrivait pas à réfléchir, imaginait l'infirmière le rappeler pour ses résultats, le médecin lui annoncer la nouvelle. Pour lui, sa vie était terminée. Il n'arrivait plus à dormir la nuit, pleurait tout le temps, se reprochait ses pratiques sexuelles de l'été, se traitait de tous les noms et immanquablement, revenait à l'affirmation : « Ma vie est finie. » On lui avait même présenté un notaire et il avait pris cette rencontre comme un signe qu'il devait faire son testament.

Malchanceux, on égara son résultat et on dut recommencer le test. Son attente s'en trouva prolongée et sa détresse décuplée. Il voyait cela comme un signe que le résultat était effectivement positif. Pour lui, on voulait simplement vérifier le résultat avec une deuxième analyse avant de lui annoncer la nouvelle.

Ce fut la secrétaire du médecin qui lui téléphona pour fixer la rencontre afin de recevoir le résultat de son test. Il m'appela illico pour prendre rendez-vous avec moi. Il voulait que nous nous rencontrions le lendemain de la réception de son résultat en m'affirmant qu'il aurait plus que jamais besoin de moi pour l'accompagner dans ce qu'il appelait « le reste de sa vie ».

Il se présenta à mon bureau au jour dit, complètement détendu, souriant, calme et m'expliqua qu'il était effectivement séropositif, qu'il avait passé la soirée à s'informer des implications, des traitements possibles, de l'espérance de vie et conclut que « ce n'était pas si pire que cela ». Pour la première fois depuis plusieurs semaines, il avait bien dormi.

Ce que nous anticipons est toujours pire que la réalité dont nous ignorons tout, en vérité. Vous en conviendrez, la seule chose que l'on connaît du futur est qu'on ne le connaît pas.

Il faut donc cesser d'anticiper.

Les tempéraments anxieux auront plus de problèmes que les autres à réussir cela, mais c'est possible pour tous. Il suffit de se ramener. Constamment. Peut-être même 100 fois par jour.

Dès que vous vous surprenez à anticiper, prenez note de cela en vous disant : « oh, je suis dans l'anticipation », ou encore « oh, je suis distrait de ma vie », et cela sans aucun jugement sur vous. Puis ramenez-vous dans le présent. Dans ce que vous faites maintenant. Dans ce à quoi vous êtes occupé pour l'instant.

Pour cesser d'anticiper les catastrophes, vous aurez à vous ramener souvent.

Ne vous découragez pas.

Décidez maintenant que le futur, vous le vivrez quand il sera présent[39] !

39. Il faut quand même distinguer ici entre l'anticipation et le fait de planifier un projet. Dans un projet, vous posez aujourd'hui des actions dans le but de réaliser votre projet. Il n'y a pas d'anticipation négative ici.

4. Cessez l'automaltraitance

Avez-vous déjà remarqué combien de fois par jour nous nous critiquons ?

Nous oublions nos clés quelque part et, en les retrouvant, tout de suite, nous nous traitons de con ou d'étourdi. Nous recevons un appel de quelqu'un qui nous dit : « Tu ne devais pas m'appeler aujourd'hui ? » et aussitôt, la première phrase qui sort est : « Quel con ! Mais oui, désolé. »

Oh, bien sûr, si on nous le fait remarquer, nous dirons que ce n'est qu'une façon de parler. Et ça l'est.

Mais quelle façon de parler, n'est-ce pas ? Quelle drôle de manière de se traiter !

Et encore ! Nous n'avons pas conscientisé toutes les fois où nous nous critiquons « pour vrai ». Ni toutes les fois où nous nous maltraitons.

Regardez votre vie. Regardez comment vous agissez envers vous-même. Combien de fois par jour vous critiquez-vous ? Quand vous accordez-vous des pauses ? Et quand cessez-vous mentalement de travailler si vous les prenez ? Quand vous autorisez-vous à dire non parce que cela ne vous convient pas ? Quand prenez-vous congé parce que vous êtes malade ? Quand vous choisissez-vous vraiment ?

Bien sûr, vous vous vendez l'idée que vous n'avez pas le choix (repensez à l'attitude n° 1), mais sérieusement, ne pensez-vous pas que la vie serait plus simple et plus efficace si vous appreniez à vous traiter comme vous le méritez ?

Vous me direz peut-être que votre estime de vous-même n'est pas assez haute pour vous traiter avec respect. Vous prenez le problème à l'envers, car c'est à force de vous traiter avec respect que votre estime sera haute et non en envoyant constamment à votre cerveau l'idée que vous ne valez pas la peine d'avoir des égards à votre endroit.

Après cela, on s'étonne d'être constamment victime de notre propre sabotage, que les choses n'arrivent pas comme on le voudrait, que la vie ne nous traite pas avec déférence.

Et si la vie vous traitait comme vous vous traitez vous-même ?

Personne d'autre que vous ne fabriquez votre destin.

Voici une anecdote. Pendant que j'écrivais ces lignes, j'étais dehors à profiter aussi de la belle température alors que ma conjointe était à l'intérieur, au bureau, à travailler. Comme elle a de la difficulté à prendre une pause, je lui ai fait remarquer que nous pourrions arrêter quelques minutes. Elle me répondit « oui, oui » mais continua de travailler. Je trouvai alors l'argument choc : « Je dois aller aux toilettes et mon ordinateur est dehors sans surveillance. » Aussitôt, elle délaissa son travail et se rendit à l'endroit où était l'ordinateur afin de le surveiller. Du coup, elle arrêta quelques minutes. Je l'avais eue ! Elle se rendit bien compte qu'elle pouvait se permettre d'arrêter pour les autres, mais pas pour elle-même. Nous en avons beaucoup ri.

Combien de fois avez-vous eu cette impression que vous pouviez faire tellement de choses pour les autres que vous ne vous permettriez pas vous-même ? Est-ce normal, dites-moi ?

Il est donc temps de changer cette attitude et de *vous* choisir une fois pour toutes. Cessez de vous maltraiter, cessez de vous critiquer, cessez, une bonne fois, d'agir comme si vous ne méritiez rien.

Il existe une technique qui vous sera précieuse dans votre apprentissage. C'est la technique de *l'observation bienveillante*.

L'objectif est de vous observer tout en bannissant de votre observation toute forme de jugement sur vous. Vous vous observez comme vous observeriez des faits objectifs. Vous vous voyez en train de faire quelque chose : il y a quelqu'un qui fait quelque chose. Je le vois. Je ne le juge pas, je n'évalue pas si c'est bon ou mauvais. Je le regarde faire cela. C'est tout.

Vous pouvez développer cette attitude en vous créant un « moi observateur ». La création de ce « moi observateur » est une technique qui m'a été enseignée par mon thérapeute en psychosynthèse il y a plusieurs années. Elle s'est avérée fort efficace.

Pour cela, installez-vous confortablement, avant de vous coucher, dans un endroit où vous ne pourrez pas vous endormir. Pendant 10 minutes, faites mentalement et dans l'ordre chronologique, en images, la révision de votre journée. Laissez cette journée se dérouler comme un film sur votre écran mental, sans forcer, sans vous obliger à chercher une séquence qui aurait été perdue, simplement en voyant les images se dérouler.

Si toutefois vous vous surprenez à juger ce que vous venez de voir, cessez immédiatement votre projection intérieure et reprenez cette séquence jusqu'à ce que vous puissiez la voir sans jugement.

Je vous donne un exemple.

« Je me vois me lever. Je me vois prendre ma douche. Je vois que je vais à la cuisine pour déjeuner. Je me vois prendre un verre d'eau. Je me vois renverser l'eau par terre. (Quel maladroit !) »

J'arrête là et je reprends : « Je vois que je suis en train de poser un jugement. Je me vois prendre un verre d'eau. Je me vois le renverser. (C'était quand même maladroit.) » J'arrête à nouveau et je reprends. « Je vois que je suis en train de poser un jugement. Je me vois prendre un verre d'eau. Je me vois le renverser. Je vois que je prends une serviette. Je vois que je ramasse l'eau… » Et ainsi de suite.

Les premières fois, vous ne vous rendrez pas à la fin de la journée en dix minutes. Cela n'est pas grave. Votre objectif est d'apprendre à n'avoir aucun jugement. Pas de vous souvenir de toute votre journée.

Un des pièges que vous rencontrerez est de juger le jugement. En effet, si vous avez de la difficulté à vous abstenir de critiquer une séquence, vous en arriverez peut-être à *vous juger de vous juger* ! Observez simplement cette critique. « Je vois qu'il y a une partie de moi qui me juge lorsque je porte un jugement. » C'est tout.

Avec le temps, vous développerez une capacité de vous regarder agir non pas seulement à la fin de la journée, mais aussi pendant vos actions. Et cela, sans vous critiquer. C'est ce qu'on appelle le «*moi observateur*». Cet observateur bienveillant fera désormais partie de vous-même. Il deviendra véritablement «*une partie de vous*» qui vous accompagnera en toutes circonstances.

Développer une attitude de non-jugement a pour effet d'éliminer la culpabilité. Ne craignez rien. Cela ne vous déresponsabilisera pas de ce que vous faites. Bien au contraire. La culpabilité entraîne l'inertie. Tous les alcooliques qui boivent se sentent coupables de boire. Lorsqu'ils sont capables de cesser de se juger, ils deviennent aussi capables de cesser de boire.

Vous pouvez faire une bêtise, reconnaître que c'est une bêtise (juger l'acte) sans pour autant vous dire que vous êtes bête (critiquer la personne). Vous êtes beaucoup plus que ce que vous faites[40].

Si nous sommes tous des princes et des princesses, il faudrait peut-être commencer à agir en monarques. Qu'en dites-vous ?

Les monarques ne se maltraitent pas.

5. Cessez de vous victimiser

Cette cinquième attitude ne sera pas facile à traiter parce que, bien sûr, vous allez me dire que vous ne vous victimisez pas. Pourtant, nous le faisons tous à notre façon. Laissez-moi vous le démontrer.

Existe-t-il encore en vous quelques reproches au sujet de vos parents ? Ils ne vous ont pas assez aimé ? Ils n'ont pas été assez présents ? Ils ont mal agi dans telle et telle circonstance ? Pauvre de vous.

Existe-t-il encore en vous quelques reproches au sujet de vos ex ? Oui ? Vous en auriez long à dire sur leur comportement ? Pauvre de vous.

40. Beaucoup de gens ont de la difficulté à séparer l'acte de la personne qui le fait. Vous êtes infiniment plus que ce que vous faites. Le réaliser est extrêmement important pour votre développement.

Y a-t-il en vous quelque ressentiment à propos d'une personne ou d'un événement particulier pour lequel vous vivez encore des émotions négatives ? Pauvre de vous.

En fait, à chaque fois que l'on a envie de se plaindre de quelque chose du passé, nous tombons dans l'apitoiement, dans la victimisation, dans les « pauvre de moi ».

La raison pour laquelle nous avons de la difficulté à passer à autre chose est très souvent que cela nous semble excuser la personne qui a commis la faute. Comme si nous étions le seul témoin restant de ce drame. Par exemple, dans notre inconscient, il semble bien que si l'on se remettait très vite d'une trahison amoureuse, ce serait comme si la trahison n'avait pas été grave. Nous nous dévouons alors pour prouver au monde entier l'horreur de ce qui a été commis. Nous oublions pourtant que le « traître » ne pense plus à nous depuis belle lurette et que, par conséquent, nous sommes les seuls à souffrir de cette situation.

Un traître restera toujours un traître, même si nous allons mieux. Cela n'enlève rien à la gravité de sa faute. Et cela nous permet de vivre mieux, puis de passer à autre chose.

Autrement, en nous vautrant ainsi dans le mal qui a été commis à notre endroit, nous nous posons en victime de cette personne. C'est le prix à payer pour qu'elle reste un bourreau. Du coup, nous n'avons plus aucun pouvoir sur ce qui se passe et sommes condamnés à payer le prix fort toute notre vie.

Il convient donc de sortir de nos drames et de passer à autre chose.

Votre père ne vous a pas aimé ? Alors vous avez eu un père qui ne vous a pas aimé. Rien de ce que vous pourriez faire aujourd'hui ne changera cela. Acceptez-le et passez à autre chose. Vous n'avez pas de temps à perdre, ni en plaintes, ni en ressentiment.

Votre conjoint ou conjointe vous a trahi ? Acceptez-le et passez aussi à autre chose. Rien de ce que vous pourriez faire maintenant n'y changera quoi que ce soit. Et n'oubliez pas que d'accepter un fait ne signifie en aucun cas que nous sommes d'accord avec celui-ci.

Pas facile, me direz-vous.

Le meilleur moyen que je connaisse pour que cesse la plainte est le petit exercice que Debbie Ford donnait dans son livre *Le secret oublié*[41].

Mettez-vous devant un miroir, regardez-vous dans les yeux et racontez-vous votre vie. Elle commence par « pauvre de moi ». Chaque phrase doit débuter par « pauvre de moi ». Maintenez le rythme jusqu'à ce que vous pouffiez de rire.

— Pauvre de moi, j'ai eu une enfance de merde.

— Pauvre de moi, mon père ne m'a jamais compris.

— Pauvre de moi, toute ma vie, j'ai essayé d'être gentil et tout le monde s'en fout.

— Pauvre de moi, je ne suis même pas aimé par personne.

— Pauvre de moi, personne ne me comprend.

— Pauvre de moi…

Ne vous gênez pas pour en mettre. C'est ainsi que vous vous sentez ? N'y allez pas avec le dos de la cuiller. Gâtez-vous. N'oubliez pas non plus de mettre tout sur le dos des autres. N'oubliez pas que s'il y a une victime, il y a aussi un bourreau.

Tôt ou tard, vous n'arriverez plus à vous prendre au sérieux et vous partirez à rire : vous êtes sorti de la victimisation. Recommencez au besoin.

Si vous ne réglez pas une fois pour toutes cette habitude de vous victimiser, vous ne pourrez pas prendre responsabilité de votre vie et vous n'arriverez pas à faire exploser vos couleurs.

41. Ford, Debbie. *Op. cit.*

Ce n'est pas facile pour autant. Personne ne veut prendre conscience qu'il est une victime. Cette prise de conscience est pourtant nécessaire pour aller plus loin.

6. *Gardez les pieds sur terre*

On entend parfois des gens se vanter de vivre une spiritualité étonnante. Une spiritualité de l'âme, de l'esprit, un peu comme si nous ne vivions plus sur la terre.

On a l'impression que pour être spirituel, il faut avoir dépassé le corps et ses « contraintes ».

Et on comprend ici, par contraintes, le simple fait d'avoir un corps qui a des besoins. Des besoins d'exercice, de nourriture, d'élimination et de plaisir.

Comme s'il fallait faire fi des plaisirs et « dompter » son corps afin qu'il ne nous dérange pas. On dirait que le corps est vu comme une prison dont il faut se débarrasser.

Personnellement, j'avoue être très sceptique face à une telle approche.

Il est bien certain que si on croit que l'humain a une âme, celle-ci doit se trouver bien à l'étroit dans ce corps limité.

Mais est-ce une raison pour anticiper qu'on n'en a plus ? Est-ce une raison pour le traiter comme un indésirable ?

Peut-être qu'il ne faudrait pas oublier que c'est par ce corps et par nos cinq sens que l'on entre en contact avec le monde et que, privé d'eux, nous ne serions que des légumes incapables de quelque prise de conscience que ce soit.

Est-ce qu'on s'est déjà imaginé sans ouïe, sans vue, sans odorat, sans toucher et sans goût ?

Tentez d'imaginer cela une seconde.

Il est impossible de savoir même qu'on existe ou qu'il existe d'autres personnes puisque toute relation nécessite une prise de contact.

Lorsque j'entends des gens dire que notre corps nous empêche de nous élever spirituellement, ça me scandalise.

La réalité est, nous l'avons vu, que seul notre corps est constamment dans le présent. Notre esprit, lui, peut vagabonder dans le passé et anticiper le futur. Mon corps est en train d'écrire ce texte. Il ne peut pas être hier. Et c'est une qualité. C'est un état. Cela me permet de vivre une belle expérience. Celle de vous écrire.

Nous avons un corps doté de cinq sens. C'est comme ça. Nous sommes faits ainsi. C'est par là que nous entrons en contact avec le monde qui nous entoure.

S'élever spirituellement, pour moi, ce n'est pas « dompter » ce corps, lui mettre des limites insensées, en faire abstraction comme s'il était un ennemi. C'est surtout l'assumer et en augmenter la conscience.

Parce que notre être, notre être tout entier est corps et âme. N'est-ce pas évident dans l'expression « se donner corps et âme » ?

Il est cependant des philosophies qui véhiculent de la culpabilité au sujet du corps et, notamment, du plaisir obtenu par celui-ci.

Le plaisir revêtirait alors un sens à tout le moins douteux quand ce n'est pas coupable, vicieux, sale.

On sait pourtant depuis longtemps qu'un bébé que l'on masse se développe mieux. Qu'on a besoin de toucher, de voir, d'entendre, de goûter, de sentir.

Un jour d'été, j'étais en décapotable. Le vent frais frôlait ma peau, doux contraste avec le soleil qui la chauffait. J'avais acheté quelque chose à boire qui était tout simplement délicieux et j'avais mis une musique que j'apprécie particulièrement. J'en étais presqu'à l'extase quand soudain, la voiture s'engagea dans un tronçon de route rempli de l'odeur de peupliers baumiers. Sentiment de liberté, orgasme de l'âme qui se retrouve plongée dans un lieu de perfection infinie. Moment de grâce qu'on voudrait mettre sur « pause » pour l'éternité.

Cette expérience a été provoquée par des sensations dans mon corps. Et ça aurait été impossible à vivre sans ce corps. Pourtant, il s'agissait véritablement d'une expérience spirituelle.

Nos corps sont faits pour le plaisir. Aucun de ces plaisirs n'est mal, obscène, indésirable, peu évolué. Nous sommes des êtres de sensualité. Et l'utilisation de nos sens ne peut qu'être bénéfique à notre évolution.

Il va de soi que les plaisirs obtenus par l'abus, le vol, l'utilisation égoïste des autres ne sont pas sains. Mais que trouve-t-on malsain ? Le plaisir obtenu ? Non. La façon dont on l'a obtenu, plutôt. Le sens qu'on lui a donné, bien sûr. Pas le plaisir lui-même[42].

Notre corps est ainsi fait qu'il possède même une molécule, la sérotonine, chargée de transporter nos émotions. Et quand la sérotonine baisse, la dépression s'installe. Nous sommes comme ça. Et je pense qu'il faut honorer cette dimension de nous.

Il en va de même pour le plaisir sexuel que l'on dit parfois inadéquat dans une vie spirituelle authentique.

Mais qui a dit ça ?

Qui peut prétendre que l'union aimante de deux êtres qui arrivent au sommet d'un plaisir intense nuit à la spiritualité ?

Cela me semble tout simplement insensé.

La spiritualité élève l'être entier au-delà de lui-même. Pas seulement son esprit.

42. Il difficile de séparer le plaisir de l'action effectuée pour l'obtenir. À partir du moment où l'action est jugée mauvaise, tout ce qui y est relié est d'emblée condamné. C'est la même chose dans l'expression : « de l'argent sale ». Il ne s'agit pas ici de condamner l'argent mais ce qui a été fait pour l'obtenir.

Une spiritualité sans plaisir, sans sensualité, sans corporalité serait, à mon avis, une spiritualité déconnectée de notre vraie nature. Mieux. Comme le dit justement Corneau, il est temps d'envisager la spiritualité comme une *supersensualité*[43].

La nature humaine dans toute la splendeur de sa corporalité.

Alors de grâce, ne vivez pas dans les nuages. Ou plutôt si, permettez-vous d'aller dans les nuages… mais en gardant les deux pieds sur terre. Trop de gens font des envolées mystiques déconnectées. Ils tombent alors dans une pensée magique que Peck qualifierait sans doute de « stade 1 » de l'évolution psychospirituelle.

Garder les deux pieds sur terre, c'est ça qu'en spiritualité, on appelle le « ground », l'enracinement.

7. Lâchez prise

Que voilà un sujet délicat ! Partout, on nous dit de lâcher prise, mais les explications qu'on en donne sont parfois si nébuleuses qu'on a l'impression que peu de gens savent comment faire. Il faudrait lâcher prise sur les grossesses pour les gens qui n'arrivent pas à avoir d'enfant, sur les conjoints pour les célibataires, sur l'enrichissement pour les paumés. Bref, lâcher prise ressemble à un renoncement. Et si l'on renonce à ce qu'on veut profondément, ne se nie-t-on pas ?

Est-ce vraiment démissionner, abandonner, se sauver, se trahir ? Est-ce manquer de persévérance, de courage ? Est-ce, au contraire, faire preuve d'une force incroyable en renonçant à ce que l'on veut ? Qu'est-ce que ce fameux lâcher-prise ?

J'ai souvent pensé qu'il s'agissait réellement d'une « démission », d'une « trahison », d'un « abandon ». Il me semblait, en effet, que lâcher prise signifiait « cesser de vouloir obtenir ce que l'on cherche » et je trouvais qu'arrêter de vouloir ce que l'on veut était de l'ordre du déni de soi-même.

---

43. Corneau, Guy. *Op. cit.*

Puis, un jour, est apparue une évidence : *Je n'ai pas de contrôle sur les autres ! Non plus que sur les aléas de la vie.*

Cela semblait anodin, pourtant il s'ensuivait d'énormes conséquences. Il s'agissait donc d'accepter qu'une fois que j'avais fait tout ce que je pouvais pour obtenir ce à quoi j'aspirais, le reste ne dépendait plus de moi.

Dans ce contexte, lâcher prise signifiait qu'il fallait que *j'accepte de ne pas l'obtenir*. Pourtant, force est de constater que *je continuais à le vouloir*.

Nous sommes plongés ici dans le fameux mystère de l'intégration des contraires : *cesser de vouloir tout en continuant à vouloir*. Tout un art en vérité. C'est d'ailleurs la raison pour laquelle cela semble si compliqué. C'est un art, et un art, ça s'exerce.

Pour s'exercer, il faudra en comprendre les composantes. Il y en a quatre.

La première est qu'il faut faire tout son possible pour obtenir ce qu'on veut ; la deuxième, qu'il faut distinguer la persévérance de l'acharnement et faire le deuil d'un pouvoir qu'on n'a pas ; la troisième, et c'est la plus difficile, est d'accepter de se centrer sur ce qu'on a et ne plus faire de ce qu'on a espéré une condition de notre bonheur ; la dernière enfin est de continuer à rester ouvert sans illusion.

Ces deux dernières sont un paradoxe qu'il faudra apprivoiser : vivre heureux sans avoir ce que l'on veut (et donc d'une certaine façon y avoir renoncé) mais rester ouvert au possible (et donc, d'une certaine façon, ne jamais cesser de l'espérer). C'est là que réside le secret du lâcher prise.

Prenons un exemple.

Alexandre et Claudia veulent un enfant. Cela fait trois ans qu'ils essaient, sans succès. Ils ont passé des batteries de tests et Claudia prend des hormones pour favoriser l'ovulation en vue de faciliter la grossesse. Ça ne marche toujours pas. Graduellement, ils voient leurs couples d'amis avoir des enfants et en souffrent. Plus leurs amis ont des enfants et plus Alexandre et Claudia font de la grossesse une nécessité à leur bonheur. Ils deviennent tendus et angoissés.

Hier, ils se sont querellés parce qu'Alexandre n'a pas voulu rentrer du bureau à l'heure du dîner alors que Claudia avait estimé que l'ovulation était pile à ce moment-là. Elle l'a accusé de ne pas faire son possible et Alexandre a répondu qu'il commençait à en avoir marre.

Leur qualité de vie a diminué. Ils voient de moins en moins leurs amis, s'isolent, n'ont plus de relations sexuelles spontanées, les gardant plutôt pour ce « soir aux deux jours » que le médecin a prescrit.

À travers cette recherche de grossesse, le couple Alexandre et Claudia est devenu terne, rabougri, triste et le projet est en voie de les diviser.

La diminution de leur qualité de vie est un signe qu'ils sont tombés dans l'acharnement et qu'ils ne sont plus du tout dans la persévérance. Ils sont rendus au deuil de leur pouvoir et de leur vision de la vie d'un couple. De cet idéal qu'ils s'étaient forgé ensemble.

Car il ne s'agit pas ici de cesser de vouloir un enfant. Il s'agit d'y rester ouvert en ne mettant plus toutes leurs énergies de vie dans ce qui devrait être. Ils doivent apprendre à vivre ce qui est : ils n'ont pas d'enfant.

Ça ne sera pas facile. Pourtant, s'ils font réellement ce deuil, le deuil de la vie dont ils avaient rêvé, ils pourront alors entrer dans une nouvelle conception du couple. Et dans cette nouvelle conception, peut-être un enfant arrivera-t-il à l'improviste, une occasion d'adoption se présentera ou ils trouveront une autre façon d'être féconds ensemble qu'ils n'avaient pas prévue jusqu'alors.

Une fois que tout ce qui nous appartenait a été fait, il faut cesser de nous acharner, faire le deuil de certains de nos espoirs et nous ouvrir à l'infini des possibles.

Vous avez un rêve ? Il faut alors le vouloir très fort.

Le voulez-vous ?

Oui ?

Très fort ?

Imbibez-vous de ce rêve. Qu'il devienne votre seconde peau. Faites-en un souhait gravé dans votre cœur si fort qu'il ne s'en ira plus jamais. Vous y êtes ? Oui ? Parfait. Ça c'était le plus facile.

Faites maintenant tout ce que vous pouvez pour l'obtenir. Sans acharnement, mais avec persévérance. Ça y est ? Vous avez bien travaillé à votre rêve ?

Maintenant, oubliez-le. Complètement. Vivez comme vous êtes. Sans ce rêve. Sans y lier votre bonheur. Sans que vous en dépendiez.

Parfois, vous l'observerez chez d'autres. Ne soyez pas envieux. Que cette observation vous serve seulement de petit rappel pour constater que votre rêve est encore enfoui en vous puis revenez à votre vie. Sans lui.

Un jour alors, vous le verrez se matérialiser devant vous comme s'il avait toujours été là. Pas nécessairement tel que vous l'aviez planifié, mais il sera là. Il vous surprendra en même temps que vous le reconnaîtrez. Et vous sourirez.

Le rêve se réalise lorsque nous réussissons *en même temps* à le vouloir très fort sans pour autant s'en préoccuper.

C'est ça, le lâcher prise.

8. Suivez le mouvement

La vie est mouvement. Le saviez-vous ?

Tout est mouvement sur terre.

Votre être est en mouvement, vos émotions sont en mouvement, la nature est en mouvement.

Êtes-vous capable d'observer les mouvements ?

Même ce que l'homme crée est en mouvement.

Une rivière part de sa source et se dirige vers son fleuve. Un marché connaît des fluctuations à la hausse et à la baisse.

Il arrive pourtant que le mouvement n'aille pas dans le sens que l'on voudrait. Et c'est bien là le problème. Si l'on veut, par exemple, s'entêter à remonter la rivière, il faudra dépenser beaucoup plus d'énergie que si l'on suit son cours. De la même façon, si l'on veut vendre sa maison au prix fort dans un marché d'acheteurs, il faudra attendre des mois, voire des années pour y arriver.

Le mieux pour nous serait donc de suivre le mouvement. Sauf que ce n'est pas facile. La plupart du temps, nous résistons à ce mouvement, même sans nous en rendre compte.

Il m'arrive très régulièrement de recevoir des clients en dépression. Or, pour traiter une dépression, il faut d'abord accepter de déprimer. Cela peut paraître étrange. En voici la raison.

Une dépression, c'est essentiellement un déséquilibre au niveau de la sérotonine, un neurotransmetteur présent dans le cerveau et qui agit notamment sur l'énergie, l'appétit et les émotions. Lorsque nous faisons une dépression, nous n'avons plus le goût de rien, plus d'énergie, plus d'appétit et cela est fort inquiétant. Nous sommes alors portés à nous forcer pour faire des choses. Peut-être en partie à cause de cette croyance populaire et préjugé que pour sortir d'une dépression, il suffit de se donner un bon coup de pied quelque part. Or, c'est exactement le contraire qui se passe. Tout, dans notre corps, nous demande de nous arrêter, de nous reposer, de ne rien faire. Il faut donc lui concéder cet arrêt.

De plus, si la vie nous a conduits à une dépression, il convient de trouver ce qui nous y a menés afin de ne pas répéter les mêmes erreurs par la suite. La plupart des gens affirment pourtant : «*j'ai hâte d'aller mieux pour pouvoir être comme avant*», sans même se rendre compte de la portée de ce qu'ils disent. Sans réaliser qu'en faisant *comme avant*, le résultat sera le même : une dépression.

Je leur dis régulièrement, à la blague:

— Une dépression dure entre six mois à deux ans, selon l'importance de votre syndrome du TDC.

Étonnés, ils me demandent alors la nature de ce syndrome. Et je leur dis avec un sourire:

— TDC, c'est pour « tête de cochon ».

Le fait est que plus ils résisteront à leur maladie, plus ils voudront rétablir les comportements antérieurs à leur dépression, plus ce sera long et complexe.

Suivre le mouvement, c'est pouvoir d'abord discerner quel en est la direction. C'est souvent facile. En temps de peine, le mouvement va vers « avoir de la peine ». Au moment d'un deuil, c'est le moment de faire le deuil. Dans la prospérité, il faut avoir le vent dans les voiles.

Nous oscillons tous à la manière d'un pendule. Par exemple, en chagrin d'amour, nous oscillerons souvent entre peine et colère. Lorsque la peine se présente, il ne faut pas hésiter à augmenter ce mouvement de peine. Augmentez-le encore, encore, jusqu'à ce que la peine, ayant atteint son sommet, vous propulse de l'autre côté, dans la colère. Augmentez-la aussi. Encore et encore. Jusqu'à ce que la peine ressurgisse.

Suivre le mouvement, c'est justement aller vers ce qui nous porte. Si c'est la peine qui est présente, vouloir éprouver de la colère est inutile et coûteux en énergie. Suivez le mouvement de votre pendule intérieur.

Si vous avez à prendre une décision, mais que vous ne vous sentez pas prêt, suivez votre élan. Même s'il ne dure que quelques minutes. Suivez le mouvement d'un côté, de l'autre, laissez-vous osciller jusqu'à ce que se présente une autre option. Une nouvelle façon de voir. Une alternative à vos deux choix. Vous sentirez alors que le mouvement ne change plus de direction. Il va de plus en plus vers ce qui est nouveau. Vous saurez alors que c'est le temps de prendre une décision.

Je dis depuis des années aux gens qui souffrent que ce n'est pas la vie qui fait mal mais notre entêtement à y résister. C'est exactement de cela dont jc vous parle ici. La vie est un mouvement. La plupart du temps, ce mouvement a une direction. Si vous vous entêtez à prendre une autre direction, vous aurez mal. Vous devrez travailler à contre-courant, vous vous épuiserez, vous tournerez en rond, vous prendrez des détours qui vous amèneront au même endroit, des tonnes d'énergie utilisées plus tard. Et vous vous rendrez compte que si vous aviez suivi le mouvement, vous y seriez arrivé beaucoup plus vite et sans effort.

Souvenez-vous: *ce n'est pas la vie qui fait mal, mais notre entêtement à y résister.*

9. Portez attention au nouveau

C'est dans le nouveau que se situe le développement. Il faut y porter attention, l'honorer et l'explorer comme il se doit. Des portes nouvelles viennent de s'ouvrir.

Il est bien possible quc vous trouviez cela déstabilisant. Mais pensez-y bien. Il y a le vieux et le nouveau. Le vieux, c'est votre manière d'être actuelle, vos habitudes, votre rythme de vie, votre vie telle qu'elle est maintenant. Or, vous voulez réaliser autre chose, n'est-ce pas? Vous voulez trouver ce fil d'Ariane qui sous-tend tout ce que vous avez vécu jusqu'à maintenant et qui vous guide vers le lieu où vous serez davantage vous-même: votre royaume.

Si vous suivez la vieille route, vous pouvez voir très exactement où vous en serez dans vingt ans. Est-ce ce que vous voulez? Si c'est le cas, continuez ainsi. Ça va bien pour vous.

Mais si vous voulez plus, vous devrez reconnaître le nouveau dans votre vie[44].

Les personnes qui viennent me voir avec des objectifs de développement personnel sont toujours surprises lorsque je leur dis, dès le début

44. Je crois nécessaire de mentionner ici qu'il y a effectivement des choses qu'il ne faut pas changer puisqu'elles nous conviennent parfaitement.

du travail, que désormais elles devront porter attention au nouveau. Cela les déstabilise. Elles demandent alors de quoi je parle. Et je leur réponds que je parle de tout.

Un nouveau goût, une nouvelle manière de voir la vie, une émotion qu'elles ne connaissent pas, un style de personne qui les intéresse maintenant et qui, auparavant, serait passé incognito. Tout.

Il est rare que le nouveau se présente sous la forme d'une grande avenue éclairée sur laquelle il est évident qu'on doive s'engager. Au contraire, il se présente souvent comme une autre façon de voir quelque chose de connu.

Imaginez que vous êtes perdu dans un quartier où vous tournez en rond. Les rues vous semblent toutes pareilles, vous savez, par certains points de repère, que vous êtes déjà passé par là. Vous ralentissez, observez et apercevez soudainement une allée que vous n'aviez pas remarquée au cours des minutes qui viennent de passer. Elle semble conduire à une maison. C'est nouveau. Vous vous approchez et voyez que cette fameuse allée, par un effet d'illusion d'optique, est en fait une rue que vous aviez confondue avec une entrée. Vous vous y engagez et sortez soudain du quartier en question. C'était là. Ça avait toujours été là. C'est en vous donnant le droit d'y voir du nouveau que vous avez pu avancer et vous sortir de votre impasse.

Il arrive que le nouveau se présente aussi sous la forme d'un petit événement imprévu qui vous attire.

Arielle n'avait jamais joué aux quilles lorsque des amis l'ont appelée pour participer à une partie. Ce soir-là, elle était fatiguée. En temps normal, elle aurait décliné cette invitation, d'autant plus qu'en général, jouer aux quilles ne l'attirait pas vraiment. Pourtant, elle sentait au fond d'elle un petit bouillonnement. Oh, très ténu. Mais il était là. Elle se souvint de ma recommandation d'honorer le nouveau et accepta donc l'invitation. Elle se rendit à la salle de quilles, non sans s'être promis de partir tôt, mais rentra chez elle à deux heures du matin après avoir discuté des heures avec un inconnu rencontré là-bas et qui, plus tard, devint son mari.

Le nouveau peut aussi se présenter sous sa forme « bulldozer ». C'est plus rare et je ne vous le souhaite pas. Tout se passe alors comme si l'univers en avait marre de vous envoyer de petits signes et provoquait un changement radical pour que vous soyez propulsé dans une autre vie.

Jean-Marc n'avait jamais aimé son emploi. Il posait du gypse pour une compagnie de construction. Il n'avait jamais voulu bouger de là parce que tout autre métier aurait nécessité un retour à l'école, ce qui lui répugnait. Un jour, alors qu'il était particulièrement excédé de cet emploi, il eut un accident qui entraîna pour lui non seulement un arrêt de travail, mais aussi un diagnostic de douleurs chroniques au dos. Plus jamais il ne pourrait refaire ce qu'il avait toujours fait. Il se retrouva chez lui, incapable d'être longtemps debout ou assis. Il alternait entre ces deux positions aux dix minutes et il devint clair qu'il ne pourrait plus jamais occuper un travail classique. On lui offrit un processus de réorientation qu'il entreprit, un peu découragé. Mais la conseillère qu'il rencontra sut ranimer la flamme. Il suivit un cours d'expert en sinistres et, hors de toute attente, se passionna pour la chose. Aujourd'hui, Jean-Marc est un des experts les plus productifs de son domaine. Ses employeurs ont bien compris ses limitations et ont aménagé un poste de travail à deux écrans où Jean-Marc peut alterner les positions assise et debout. En bonus, comme Jean-Marc adore son travail, son caractère s'est beaucoup amélioré et la vie à la maison est beaucoup plus agréable qu'avant. Ça lui aura cependant coûté son dos.

Si vous parlez à Jean-Marc aujourd'hui, il sera le premier à vous dire que la vie lui avait donné des signes bien avant. Il sera le premier à vous dire que s'il avait écouté ces signes, il aurait sauvé son dos. Et il éclatera de rire en vous disant qu'il avait vraiment une grosse « tête de cochon ».

Je dis souvent que pour faire quelque chose de différent, il faut prendre un nouveau chemin[45].

C'est un peu cette prise de conscience qui s'est produite pour moi lorsque j'ai loué un local à Orford sans aucun client. J'ai réalisé que

45. Cette idée vient d'une citation rencontrée souvent et attribuée, selon les versions, à Einstein ou Benjamin Franklin : « *La folie, c'est de se comporter de la même manière et s'attendre à un résultat différent.* »

cela faisait peut-être deux ou trois ans que je parlais de m'installer là-bas et que je me donnais tous les prétextes pour l'éviter.

Et vous savez ce qui s'est passé quand je l'ai loué ?

Dans un premier temps, j'ai eu peur. Oui, peur. Au point d'avoir envie de reculer cent fois. Au point de me résigner. Tout en moi disait : c'est de la folie.

Lorsque mon cœur (oui, oui, mon cœur, pas ma tête) m'amène du nouveau, je dois l'honorer, le respecter, l'essayer. Ce nouveau amène avec lui une grande force d'ouverture et devant ces forces, une grande peur peut s'installer. Cette peur, ce sont les forces de fermeture qui s'agitent. Ces forces iront chercher tous les prétextes possibles pour nous empêcher de faire ce que l'on croit bon. Elles pourront même tenter de nous faire croire que le nouveau n'est pas nouveau.

Lorsque m'est venue l'idée d'ouvrir ce bureau à Orford, mes forces de fermeture ont agi très fortement. Et elles ont failli m'avoir. Je me disais que j'allais dépenser alors que je n'avais pas l'argent, que les difficultés financières augmenteraient et que ce n'était pas vraiment nouveau puisque j'avais déjà fait tout ça auparavant. Au final, je m'embarquais dans une aventure qui allait me faire répéter mes vieux comportements.

Devant de tels éléments, j'ai failli reculer. Puis, posément, je me suis demandé si j'avais peur en nommant tout ça. Et la réponse était, bien sûr, que j'avais une trouille d'enfer. Or, si je faisais abstraction de la peur, j'avais vraiment très envie d'ouvrir ce bureau qui me permettrait à moyen terme d'aller vivre là-bas. C'était un rêve que je caressais depuis plusieurs années. Or, j'ai remarqué que ma façon de procéder était nouvelle. Il ne s'agissait pas de s'endetter, mais d'y aller progressivement. C'est cette ouverture au nouveau qui m'a permis de faire le saut.

Le « nouveau » pointe dans la direction du futur. Le vieux, dans la direction du passé. À vous de voir dans quelle direction vous voulez aller. Si vous suivez le nouveau, votre vie prendra des tournants inattendus comme Arielle ou Jean-Marc.

10. Écoutez votre petite voix

Jean-Marc, par contre, n'aurait pas abîmé son dos s'il avait suivi le mouvement de la vie, écouté les signes qu'elle lui envoyait, vu immédiatement le nouveau qui se présentait et s'il avait écouté sa petite voix qui lui disait, chaque matin, « ça suffit, Jean-Marc, sors de là. »

Nous avons sans doute tous des exemples du passé où il est évident que nous aurions dû écouter notre petite voix.

C'est Scott Peck, le psychiatre américain, dans *Au-delà du chemin le moins fréquenté*[46] qui parle de cette petite voix qu'on pourrait fort bien assimiler à l'intuition.

Il s'agit d'une sorte d'appel intérieur qui peut se faire insistant, mais jamais obsessif. Cet appel propose, parfois à répétition, reste discret et respecte la décision de celui auquel il s'adresse.

Cette petite voix, nous l'avons tous en nous. Elle est bienveillante, parfois moqueuse et toujours aimante. Elle nous suggère des actions, des mouvements de vie, des choses parfois très concrètes.

Les personnes religieuses ou spirituelles assimileront cette petite voix à Dieu ou aux guides. Les autres parleront d'intuition, de capacité de lire les micro-indices nous permettant de savoir ce qui est le mieux pour nous. Carl Gustav Jung parle quant à lui du Soi comme d'une instance psychique inconsciente qui est en permanence au fait de nos besoins les plus profonds. La petite voix serait peut-être alors une incursion du Soi dans le conscient.

Quoi qu'il en soit, tous reconnaîtront que cette petite voix existe et que nous gagnerions à l'écouter. D'ailleurs, c'est souvent après coup que nous nous exclamons : je le savais !

Anne-Marie est venue me voir un jour au sujet d'une rupture après 15 ans de vie commune. Elle était complètement désorganisée et eut un immense deuil à vivre. Cependant, à un moment de son cheminement, elle s'est exclamée, elle aussi : « je le savais ! » Elle m'a ensuite expliqué

46. Peck, Scott. *Op. cit.*

que trois semaines après leur rencontre, il s'était produit un événement pour lequel elle s'était dit clairement: «Arrête. Ce gars sera un paquet de problèmes pour toi.» Mais elle n'avait pas écouté sa petite voix et s'est retrouvée dans une relation difficile avec un type qui, au final, la quitta après 15 ans en lui disant qu'il croyait ne l'avoir jamais aimée.

Oh, ça n'aura pas été quinze années complètement inutiles. Anne-Marie aura eu deux enfants magnifiques et aura beaucoup appris en matière de gestion de conflits. Au surplus, elle aura tout de même eu quelques bons moments avec son conjoint.

Nous avons trop souvent cette tendance à penser que les routes que nous empruntons quand nous ne nous écoutons pas sont du temps gâché. Combien de fois ai-je vu dans mon bureau des gens dans la cinquantaine s'exclamer en réalisant qu'ils auraient dû emprunter un autre chemin: «j'ai perdu 50 ans de ma vie».

Je crois que la vie est plus sage que cela. Elle ajuste nos apprentissages à ces routes sinueuses que nous empruntons. Du coup, il n'y a pas de bons et de mauvais chemins. Il y en a seulement des plus longs et des plus rapides, des plus souffrants et des moins souffrants.

Si nous nous écoutons, nous nous apercevons qu'effectivement, la plupart du temps, une petite voix se fait entendre pour nous empêcher de faire quelque chose, pour nous suggérer une voie à prendre, un chemin à suivre. Il est bien sûr plus facile de le voir après coup. Pourtant, avec un peu d'entraînement, il est possible d'arriver non seulement à l'entendre avant de prendre des décisions, mais aussi à lui faire confiance.

Il existe d'ailleurs une technique particulièrement utile si vous hésitez entre deux choses et que vous vous retrouvez à faire la liste des pour et des contre sans pouvoir choisir.

Lorsque vous hésitez trop, il y a fort à parier que vous voyez autant de pour que de contre pour chaque choix. Vous n'hésitez pas pour rien. Utilisez alors votre intuition, votre «petite voix» pour prendre la décision finale.

Supposons, par exemple, que vous hésitez entre deux appartements très différents, mais qui comportent autant d'avantages que d'inconvénients. Vous devez choisir mais vous n'y arrivez pas.

Demandez à chacun des propriétaires les clés de l'appartement, oubliez tous vos raisonnements au sujet de ces appartements et procédez comme suit.

Imaginez que vous revenez du travail. Vous arrivez en voiture, vous vous stationnez, vous entrez, ouvrez la porte. Portez attention à comment vous vous sentez. Est-ce que vous venez de rentrer chez vous ? Faites de même pour le deuxième. Vous aurez votre réponse. Et si aucun des deux ne vous donne l'impression de rentrer chez vous, n'en louez aucun. Cherchez plutôt le troisième qui est le vôtre.

Vous pouvez faire la même chose pour tout ! Le choix d'une voiture, d'un manteau, d'un restaurant. Tout. Demandez-vous : quelle est ma voiture, quel est mon manteau, suis-je à ma place dans ce restaurant ? Vous ne saurez pas toujours pourquoi vous répondez oui ou non, mais entraînez-vous à écouter cette petite voix qui vous habite. Elle vous procurera des *sensations* plutôt qu'un raisonnement et, avec un peu d'entraînement, vous l'entendrez.

Voilà donc les dix attitudes à cultiver pour vivre une vie comme vous la rêvez, pour vous connecter à ce qu'il y a de mieux en vous et surtout, pour que vous y entriez avec fluidité.

Vous possédez sans doute déjà certaines de ces attitudes. Bravo. Vous êtes définitivement sur la bonne voie. Cultivez les autres, qu'elles deviennent un réflexe. Vous ne le regretterez pas.

Bien sûr, cela prendra du temps. En fait, vous n'aurez jamais terminé. Et c'est bien cela le plaisir de la chose. Savoir que même lorsque nous sommes dans le meilleur de nous, il y en a encore à découvrir et à exprimer, n'est-ce pas excitant ?

Pour réaliser ses rêves, cependant, il nous faudra accomplir trois tâches importantes, et nécessaires à la découverte de notre être dans toutes les nuances de ses couleurs : maintenir une bonne estime de soi, terminer ses deuils pour faire la paix avec le passé et intégrer son ombre.

Au chapitre 10 vous verrez combien il est indispensable d'avoir une bonne estime de soi pour parvenir enfin à être vous-même, condition essentielle pour assumer pleinement votre vie et votre chemin de vie.

Au chapitre 11, il sera question d'assumer le fait que votre vie est et doit être sous le signe des deuils terminés. Le passé doit être complètement laissé derrière vous et conservé comme expérience pour vous propulser dans votre vie. C'est le seul moyen de vous ouvrir à l'avenir.

Au chapitre 12, enfin, vous verrez pourquoi il est important d'assumer pleinement les parties les plus sombres de vous. Vous y trouverez là des moyens d'y parvenir.

Tout humain doit accomplir ces tâches. C'est ce que vous ferez dans la suite de ce livre.

Vous serez alors prêt à vivre votre vie de rêve et à assumer votre mission de vie dans toute sa splendeur et dans toutes ses couleurs, convaincu que vous êtes précieux, que votre mission est indispensable à l'humanité.

CHAPITRE 10

Aimez-vous enfin complètement

...vous ne vous estimez pas, en tout cas pas suffisamment pour vous accorder le meilleur de l'existence...

GUY CORNEAU[47]

L'ego, ce mal-aimé

Dans le domaine du développement personnel, la grande mode actuelle est la « disparition graduelle » de l'ego. Il serait, selon certains, responsable de tous les maux de la terre.

Avant d'entreprendre un chapitre aussi important que celui-ci, il convient de bien comprendre ce qu'implique cette tendance.

En psychologie, l'ego, c'est le moi. C'est une partie partiellement consciente de notre être, cette partie qui sait que nous existons. C'est par lui que nous avons conscience de notre individualité, de notre spécificité, de notre unicité. L'ego, c'est ce qui fait que je peux dire «*je*» : *je* suis beau, *je* suis magnifique, *je* suis unique, *je* m'aime.

---

47. Corneau, Guy. *Op. cit.*

Je ne parle pas ici de ceux qui se vantent de tout et qui ne peuvent rien faire. Je ne parle pas ici de ces narcissiques pour qui l'univers doit être à leur service. Ces gens-là ont ce qu'on appelle un « ego démesuré », c'est-à-dire un « orgueil démesuré ». Une fausse conscience d'eux-mêmes qui les amènent à penser que la terre entière doit les adorer.

Je parle simplement du fait qu'en tant qu'être humain, vous êtes quelqu'un de bien, que vous devez vous reconnaître comme tel, fuir les gens qui vous méprisent, vous entourer de gens qui vous aiment et vous renvoient une image positive de vous-même. Bref, vous devez vous aimer.

Plus vous allez vous aimer, plus vous serez capable d'humilité, moins vous aurez besoin d'écraser les autres pour vous valoriser, moins aurez besoin d'imposer votre point de vue.

Comment pouvons-nous alors avoir un ego fort sans pour autant s'attendre à ce que la terre entière se mette à nos pieds ? En enlevant de l'ego cette partie tournée vers l'extérieur de nous-mêmes et en gardant la partie tournée vers l'intérieur.

Je vous ai invité à prendre le chemin de votre royauté, à découvrir que vous êtes prince ou princesse d'un royaume. Or, ce royaume est à l'intérieur de vous. Pour vous mettre en chemin, il vous faudra quitter cette dépendance au regard des autres que nous entretenons tous un peu et découvrir en vous votre propre grandeur.

En fait, en matière d'ego, nous mélangeons constamment deux notions : le moi ou ego fort (tourné vers l'intérieur de vous) et l'orgueil (tournés vers l'extérieur, nous avons besoin que les autres nous confirment notre importance). Ainsi, lorsque l'on dit « j'ai une blessure d'ego », cela implique deux choses. La première est qu'une personne ne m'a pas accordé ce que j'estimais mériter (blessure d'orgueil) ; la deuxième est ma tendance à croire ce qu'elle dit et à diminuer dans ma propre estime (affaiblissement du moi).

Du point de vue intérieur, l'ego, c'est la base de l'estime de soi.

Lorsqu'on nous dit qu'il faut faire diminuer l'ego, le faire disparaître, c'est de l'orgueil dont on parle. Si le fait d'avoir un ego fort est devenu le nouveau péché du développement personnel, c'est simplement parce que la conscience de notre propre grandeur ne doit plus provenir des confirmations extérieures.

Autrement, ça n'aurait pas de sens. Imaginez : développement *personnel* (développement de *ma personne*) et disparition de l'ego (disparition du *je*). Pour exister, je devrais disparaître ?

En consultation à titre de psychologue, je vois tous les jours des gens arriver défaits, brisés, mêlés, victimes d'abuseurs. Et une des premières choses que je constate, c'est que leur estime de soi est à zéro, qu'il faut la rebâtir et qu'à partir du moment où elle est rebâtie, ils vont mieux.

La rebâtir veut dire à la fois enlever quelque chose et ajouter autre chose : faire disparaître leur dépendance à l'opinion de l'autre et éveiller la conscience de leur propre opinion. S'installe alors une conviction.

« Je suis quelqu'un de bien. »

Je suis. Quelqu'un. De bien.

L'ego au maximum : et ils vont mieux.

Si quelqu'un que vous appréciez vous envoie balader, si quelqu'un que vous aimez part avec quelqu'un d'autre, une grande partie de votre souffrance, sinon toute votre souffrance est due au fait qu'il vous renvoie l'image que vous n'êtes pas aimable et que vous avez tendance à le croire. Parce que vous aimez cette personne, parce que vous l'appréciez, parce que vous lui donnez de la crédibilité, vous vous remettez en question. Quand cette personne vous renvoie l'image que vous ne valez pas la peine, oui, vous avez une blessure dans votre ego. Blessure d'abandon, blessure de rejet, blessure de non-reconnaissance.

Et ça fait mal.

Très mal.

Voilà pourquoi vous devez prendre soin de vous ; il faut que vous vous donniez ce qu'il y a de mieux, que vous fassiez un deuil non seulement de sa présence, mais aussi de la validité de son jugement. Vous verrez alors diminuer votre ego au sens de besoin de confirmation extérieure et se renforcer votre ego au sens du *moi*. Vous vous détacherez de cette personne et arriverez à croire en vous.

Si vous avez une bonne estime de vous-même, vous n'aurez pas de problème à comprendre cette nuance.

Si, au contraire, pour l'instant, vous n'en êtes pas là, vous devrez faire attention aux personnes qui veulent faire disparaître votre ego.

Lorsque nous n'avons pas une bonne estime de soi, nous sommes vulnérables parce que nous dépendons encore de ce que les autres pensent. Or, il faut bien le dire, le « développement personnel » est devenu une industrie. Comme dans toute industrie, tout le monde ne veut pas que votre bien, malgré que ce soit ce qu'on vous en dit. Le sens critique est de mise. De la même façon que vous avez à évaluer personnellement si le savon qu'on vous propose dans la publicité est réellement le seul qui enlève toutes les taches !

Permettez-moi donc quelques petits conseils afin d'alimenter votre sens critique vis-à-vis des gens qui prônent la disparition totale de l'ego.

Quand vous rencontrez quelqu'un qui se dit « éveillé »... sauvez-vous !

Si quelqu'un vous dit qu'il ne souffre plus jamais... sauvez-vous !

Si quelqu'un vous dit qu'il connaît la vérité... sauvez-vous !

Sauvez-vous encore plus s'il vous dit que cette vérité est un secret, mais qu'il est disposé à le partager avec tout le monde !

Quand une personne dit connaître la recette infaillible du bonheur... sauvez-vous !

Quand quelqu'un vous dit qu'il vous faut cesser de penser... sauvez-vous !

Lorsqu'une personne veut vous montrer le chemin de la sainteté en affirmant qu'il y est arrivé... sauvez-vous encore plus !

Même dans le bouddhisme, ceux qui sont « éveillés », les bouddhas, on ne les connaît pas. Ils ne s'affichent pas. Ils ne l'affirment pas. Ils sont humbles. Ils sont conscients d'eux-mêmes et aussi de la grandeur de l'univers et malgré cela, ils savent également tout le chemin à parcourir encore, toutes les choses à découvrir. Ils ont simplement l'impression qu'ils ne savent pas grand-chose. Nous sommes très loin alors de quelqu'un qui affirme tout savoir, n'est-ce pas ?

Un ego fort est forcément humble... et réaliste. Il peut dire qu'il est bon dans tel ou tel domaine mais pourri dans un autre. Il n'affirme jamais être parfait car il sait que ce n'est pas vrai. Il peut reconnaître ses torts quand il en a et ses bons coups quand il en fait.

Nous sommes des humains. À ce titre, nous pouvons nous tromper, nous souffrons, vivons du bonheur, du malheur, nous avons des forces et des faiblesses, et surtout... nous ne sommes jamais arrivés. Jamais...

Il y a toujours quelque chose à apprendre, à faire mieux, à réaliser. Il y a toujours quelque chose à perfectionner en nous, toujours quelque chose à améliorer.

Pour avancer, et à plus forte raison pour « oser sa vie », il faut croire que l'on est quelqu'un de bien. Quelqu'un qui mérite que ça aille bien dans sa vie, qui n'a pas besoin de la confirmation d'une personne en particulier. Il faut croire, bref, que l'on est véritablement un prince ou une princesse qui règne sur son royaume intérieur.

Le croyez-vous ?

De l'estime de soi « rationnelle » à l'estime de soi « sentie »

Une bonne estime de soi, ça se porte au cœur. Ça se sent. Ça se vit. Pourtant, lorsqu'elle fait défaut, nous nous demandons bien comment la rétablir.

En psychologie cognitive, les spécialistes pensent qu'à force de se répéter quelque chose, on finit par y croire. Il y aurait, à force de penser rationnellement, une sorte de connexion qui s'établirait avec nos émotions et qui ferait en sorte que l'on finisse par l'éprouver vraiment.

Si cela est exact, en étant convaincus rationnellement que nous valons la peine, nous finirions par le ressentir vraiment.

Essayons-le. Commençons par nous convaincre que nous devrions avoir une bonne estime de nous-mêmes et agissons ensuite « comme si c'était vrai ».

Une histoire circule sur internet. Selon cette histoire, un jour, mon père a éjaculé autour de 200 millions de spermatozoïdes à l'intérieur de ma mère (oui d'accord, on ne veut pas le savoir... mais c'est tout de même important). Il s'en est suivi une course folle pour la survie, chacun des spermatozoïdes faisant des efforts immenses afin de se rendre à l'ovule.

Pourtant, un seul a gagné. C'est moi.

J'avais une chance sur 200 millions. La même qu'à la loterie la plus populaire du Québec. Celle qu'on ne s'attend pas vraiment à gagner.

Pourtant, ce jour-là, j'ai gagné. J'ai été le meilleur, le plus habile, le plus adapté, le plus rapide. Sur 200 millions d'individus. J'ai été médaillé d'or une fois dans ma vie au terme d'une course où il n'y avait pas de médaille d'argent. Suivez bien mon raisonnement. Qu'est-ce qu'on offre à un médaillé d'or ? De la piquette ? Non, bien sûr. Du champagne...et pas n'importe quel champagne. Ce qu'il y a de mieux.

Je trouve cette histoire de spermatozoïdes particulièrement importante parce que, quand ça ne va pas, il peut être drôlement utile de se la rappeler.

Il nous arrive parfois d'espérer, sans succès, obtenir quelque chose que nous avions identifié comme fondamental dans notre vie.

Nous pouvons alors nous apitoyer sur nous-mêmes. Ça a son utilité. Le temps de bien descendre dans nos émotions. Le temps de bien éprouver cette sensation de nullité que nous ressentons quand ça arrive. Une baisse d'ego. Un « mal à mon moi » comme le dit souvent mon propre enfant intérieur.

Sauf que l'apitoiement enlève le pouvoir (revoyez l'attitude nº 5). Le pouvoir sur soi. Le seul que nous avons. Celui que nous ressentons quand on touche au fait que nous méritons ce qu'il y a de mieux. Comme un champion.

Lors de ma dépression, j'ai dû liquider pas mal de biens et j'avais fait venir un courtier que je connaissais pour qu'il prenne en charge la partie immobilière de cette liquidation. Informé de ce qui se passait pour moi, il réagit tout de go : « En tout cas, moi, une femme qui ne m'aime pas, elle déguerpirait assez vite. Je mérite mieux que ça. »

Il était centré sur l'essentiel.

Partons d'une croyance qui découle de cette histoire de spermatozoïdes : tout ce qui m'arrive est toujours ce qu'il y a de mieux ! Oui, je sais, une telle croyance est difficile à maintenir lorsqu'il m'arrive quelque chose de vraiment dramatique. Essayons tout de même de voir ce qui se passe si on la maintient.

En fait, mon cerveau va alors réinterpréter tout ce qui m'arrive autrement.

Je ne peux pas avoir un repas particulier un soir ? Alors ce n'était pas ce qu'il y avait de mieux pour moi. Je vais cesser de me centrer sur ce que je voulais au départ pour me demander : Qu'est-ce que je pourrais manger d'autre qui serait meilleur pour moi ?

Je ne peux pas obtenir le travail que j'espérais ? C'est donc que je mérite mieux que ça. Je vais cesser de vouloir ce travail et en chercher un autre qui sera forcément mieux pour moi.

Je ne peux pas rencontrer la femme qui m'intéresse ? C'est parce que je mérite mieux. Je vais me détacher de cette femme avec qui je voulais être à tout prix et chercher celle qui conviendra le mieux.

Artifice intellectuel pour se consoler de ce qu'on n'a pas ? Sans doute. Mais ça marche.

Lorsque je suis persuadé que je mérite *ce qu'il y a de mieux*, je vais bien. Je suis critique. J'ose le demander. Et lorsque je ne l'obtiens pas, je le cherche ailleurs, convaincu que c'est ailleurs que se trouve ce qu'il y a de mieux.

Un jour, il m'est venu l'idée de tester ma théorie. L'idée était d'aller à l'épicerie et, pour chaque produit que je choisissais, me demander: est-ce que c'est ce qu'il y a de mieux ? J'avoue que je me suis surpris plusieurs fois à changer de marque parce que j'avais pris la plus économique au lieu de celle que j'aimais.

S'adapter en se disant: « ça va faire pareil », c'est presque toujours un déni de soi.

Ce qu'il y a de mieux, ça ne se demande pas à la Vie. Ça s'exige. Et curieusement, la Vie aime que l'on exige ce qu'il y a de mieux. Parce que c'est ça, notre rôle. Parce que c'est ça être vivant.

Parfois, on se demande pourquoi certains ont tout et que d'autres n'ont rien. Peut-être la chance, oui. Mais peut-être que les premiers ne se contentent pas d'autre chose que de ce qu'il y a de mieux.

Et la Vie leur sourit.

La première condition de l'estime de soi semble d'être convaincu que l'on mérite ce qu'il y a de mieux. Dans sa tête.

Est-ce que c'est votre cas ? Êtes-vous convaincu que vous méritez ce qu'il y a de mieux, ne serait-ce que rationnellement ? Si oui, la première étape est franchie. Dans le cas contraire, il faut d'abord s'en convaincre, dans sa tête. Reprenez le raisonnement du spermatozoïde et convenez avec moi qu'il est réel. Soyez convaincu rationnellement que vous méritez ce qu'il y a de mieux.

Bien sûr, ça ne fera pas passer cette conviction à votre cœur. Pourtant, cela va vous permettre de faire l'exercice de l'épicerie dont je viens de vous parler. Cet exercice, vous pourrez le reprendre ensuite pour d'autres dimensions de votre vie.

Je vous propose pour ça de vous donner une semaine. Une semaine pendant laquelle vous porterez dans votre tête l'idée que vous méritez *ce qu'il y a de mieux*. Une semaine pendant laquelle vous ferez systématiquement des choix en fonction de cette conviction rationnelle. Entre deux conserves à l'épicerie, choisissez celle que vous préférez. Entre deux films à la télé, choisissez celui qui vous attire le plus. Entre deux rendez-vous, faites le choix de celui dont vous croyez qu'il vous apportera le plus. Pendant une semaine, rempli rationnellement de l'idée que vous méritez *ce qu'il y a de mieux*, faites des choix en conséquence.

En faisant cet exercice, vous allez remarquer que parfois, dans votre cœur, vous vous sentez mal. Vous vous sentez imposteur. Votre cœur ne pense pas encore que vous méritez autant. Persistez dans vos choix. Prenez note que votre cœur se rebiffe contre cette idée (la technique de l'observation bienveillante), puis écartez cette rebuffade et persévérez dans votre choix. Jusqu'à ce qu'un doute surgisse... Si c'était vrai ? Si vous méritiez justement ce qu'il y a de mieux ? Si cette conviction que vous ne le méritez pas n'était qu'un mensonge proféré pendant des années par votre environnement ?

Vous ne perdez rien à l'essayer. Ou plutôt si. Vous risquez de perdre la conviction que vous n'êtes pas grand-chose. Vous risquez de faire passer dans votre cœur la conviction que vous méritez ce qu'il y a de mieux. N'est-ce pas un beau risque ?

Au cours de l'exercice, vous remarquerez probablement plusieurs tentatives de votre être de vous convaincre que ça ne sert à rien. Que c'est égoïste. Que c'est faux. Que vous êtes en train de vous enfler la tête avec des conneries. Vous remarquerez un processus d'auto-torpillage.

Nous avons presque tous en nous cette capacité de nous mettre en échec nous-mêmes. En psychologie, ça s'appelle l'autoréalisation de la prophétie. (Revoyez l'attitude n° 4.)

Ce phénomène vient du fait que lorsque nous avons intériorisé les remarques parentales et environnementales dans l'enfance, nous avons eu tendance à les prendre pour vraies et à les réaliser nous-mêmes.

Du coup, nous n'avons maintenant plus du tout besoin des autres pour nous mettre en échec. Nous le faisons nous-mêmes.

J'ai eu un client dont le père lui répétait constamment qu'il ne ferait jamais rien de bien dans la vie. Du coup, il faisait continuellement des choix qui étaient catastrophiques et me disait: tu vois, mon père avait raison, je suis incapable de faire quelque chose de bien. Quant à son père, qui était mort depuis longtemps, il avait encore une influence extrêmement toxique sur lui. Cette influence était devenue une telle certitude intérieure que le jeune homme n'arrêtait plus de faire des choix qui l'amenaient à l'échec. Ainsi, il démontrait que son père avait raison. Ce n'est que lorsqu'il a réalisé qu'il était vraiment excellent dans l'art de prouver qu'il ne valait rien qu'il commença à se demander s'il pouvait exceller à prouver le contraire: réussir.

Si vous êtes convaincu que vous ne méritez pas ce qu'il y a de mieux, c'est qu'on vous a affirmé ça un jour et que vous l'avez cru. Vous désirez maintenir cette croyance ? Libre à vous. Avouez par contre que c'est dommage puisqu'il ne s'agit que d'une croyance et qui plus est, la croyance d'un autre. Une croyance qui non seulement ne sert à rien, mais qui, de plus, n'est sans doute qu'une interprétation d'une injonction parentale. Dans l'histoire précédente, il est très peu probable que le père ait voulu réellement affirmer que son fils ne ferait jamais rien de bon. Il s'agissait à l'évidence d'une tactique malheureuse pour le motiver à faire quelque chose.

Vous voulez quoi ? Obtenir ce qu'il y a de mieux ou passer le reste de votre vie à prouver que vous ne valez rien ?

En faisant l'exercice que je vous propose plus haut, vous commencerez à remettre en question vos convictions intérieures toxiques. Vous commencerez à croire véritablement que, peut-être, vous pourriez obtenir de la vie ce dont vous avez rêvé. Votre estime de vous-même commencera alors à se développer[48].

48. Si cela est nécessaire, vous trouverez dans ce bouquin de Monbourquette et al. des stratégies utiles pour augmenter votre estime de soi: Monbourquette, Jean ; D'Aspremont, Isabelle ; Ladouceur, Myrna *Stratégies pour développer l'estime de soi et l'estime du Soi*. Novalis, réédition 2013.

À mesure que vous croirez que vous en valez la peine, vous commencerez à vouloir obtenir plus, mais plus de quoi ? Vous avez tellement cru que vous ne méritiez rien que, peut-être, vous n'avez même pas osé rêver obtenir quoi que ce soit. Savez-vous ce que vous voulez ? Le savez-vous avec précision ? Est-ce que ce que vous voulez représente ce qu'il y a de mieux ou sacrifiez-vous encore certaines caractéristiques parce que vous avez l'impression que vous ne pouvez pas en demander trop ?

Savoir ce que l'on veut... et croire qu'on peut l'obtenir

Quand on souhaite recevoir de la vie ce que l'on veut,
il faut d'abord savoir ce que c'est avec beaucoup de précision.

Si vous ne savez pas ce que vous voulez, vous pourriez peut-être en faire la liste. Cela vous permettrait non seulement d'en faire l'inventaire, mais aussi de vous connaître mieux.

Prenez le temps d'écrire clairement vos souhaits. J'insiste sur clairement. Allez dans les détails. Gâtez-vous. Assurez-vous que ce que vous voulez représente vraiment ce qu'il y a de mieux pour vous.

Supposons que vous êtes célibataire et que vous désirez un conjoint. Il ne suffit pas d'inscrire « un conjoint » sur votre feuille. Nommez ses caractéristiques. Entrez dans les détails. Faites le portrait de votre conjoint idéal. N'en restez pas aux qualités morales, allez aussi dans les qualités physiques. Vous voulez une personne aux yeux bleus ? Écrivez-le. Si vous sentez monter en vous un jugement, observez ce jugement. Mettez-le de côté, répétez-vous que vous méritez ce qu'il y a de mieux et continuez votre liste. Notez ensuite à côté de chacune des caractéristiques si elle est négociable ou pas. Faites-le sérieusement parce que, par la suite, estime de soi oblige, vous devrez refuser toute personne qui se présenterait et qui ne posséderait pas ces côtés non négociables.

Une fois que vous aurez fait l'inventaire de ce que vous voulez, vous devrez le demander. Au ciel, à l'Univers, à la terre, au destin, à qui vous voulez.

Demandez-le avec force et clarté, convaincu que vous le méritez… Pas juste clairement. Avec force aussi.

Après, il s'agira de refuser aussi toute autre option moins intéressante, même si ça ressemble beaucoup à ce que vous vouliez. À moins, bien sûr, qu'il s'agisse de caractéristiques négociables.

Si vous commandez un fauteuil brun et qu'on vous en livre un beige, allez-vous l'accepter parce que c'est le même modèle ? Non, bien sûr. Vous allez en refuser la livraison en disant: ce n'est pas ce que j'ai commandé. C'est la même chose pour la vie.

Osez, exigez, réclamez et refusez tout ce qui ne correspond pas précisément à ce que vous voulez.

Là encore, à force de pratiquer, vous réussirez à faire passer votre conviction rationnelle à votre cœur et vous commencerez à vous croire.

Au cours de cet effort vers votre propre estime, il ne manquera pas de gens bien intentionnés pour vous dire que vous êtes trop exigeant, que vous devriez demander moins, qu'il faut savoir se satisfaire de peu dans la vie. Ne les croyez pas. Ces personnes parlent d'elles, de leurs propres exigences et de leurs propres croyances. Êtes-vous obligé de partager leurs croyances ? Peut-être que ces gens ne veulent pas la même chose que vous. Peut-être aussi qu'ils ont démissionné de leur propre vie. De toute façon, il ne vous appartient pas de savoir de quoi ils ont besoin. Ça leur appartient en propre. Ne vous laissez pas imposer des besoins qui ne vous appartiennent pas. Revenez à vous.

C'est un piège courant de se centrer sur ce que les autres veulent pour déterminer nos propres besoins. Il en résulte toujours une baisse de l'estime de soi. Nous avons appris très tôt que nos besoins doivent être conformes aux normes de la société. Du coup, nous sommes portés à nous comparer aux autres. Il n'y a, dès lors, qu'un pas à faire pour leur donner le pouvoir de décider à notre place de tout, y compris de notre propre importance.

Restez vous-même et dites-vous que vous êtes parfait tel que vous êtes.

L'image de la tarte

Imaginez que je suis une tarte aux pommes et à la cannelle. Beaucoup de cannelle. Imaginez que j'aime bien être une tarte aux pommes et que je me trouve même une très bonne tarte aux pommes.

Un jour, je rencontre quelqu'un qui y goûte, lève le cœur et se met à vomir…

Et là, tout change.

Je me mets à douter d'être une bonne tarte, à me demander si mes pommes sont gâtées, à me dire que, peut-être, il y a trop de cannelle. Complètement centré sur les goûts de l'autre, j'essaie de changer. J'enlève un peu de cannelle. Bon. Pas trop tout de même. La même personne y goûte, lève encore le cœur mais ne vomit plus. Encouragé par cet état de choses, j'enlève encore un peu de cannelle. Et puis tiens… je l'enlève toute. La même personne y goûte, grimace mais ne lève plus le cœur. J'ajoute un peu de sucre, quelques bleuets, quelques framboises…Il n'y a plus beaucoup de place, alors j'enlève des pommes. Et je m'agite ainsi jusqu'à ce que la personne puisse manger sans trop grimacer.

J'en suis là dans mes efforts d'adaptation lorsque quelqu'un d'autre arrive. Il goûte à ma tarte et vomit à son tour. Je ne sais plus quoi changer et je me décourage.

Réfléchissant à ce qui se passe, je ne vois qu'une chose : je ne suis plus qu'un curieux mélange. J'ai essayé de satisfaire le consommateur, mais voilà qu'il semble que les goûts ne soient pas universels. Il sera impossible de satisfaire tout le monde.

Puis, une question me vient : moi, suis-je heureux ? Suis-je fier de la tarte que je suis devenue ? Et je vois qu'en fait, je ne suis plus moi-même… J'ai renié ce qui faisait mon originalité, ma saveur, mon être.

Alors, hésitant, plein de craintes et d'anticipations catastrophiques, j'enlève héroïquement tous les bleuets, toutes les framboises, je remets des pommes, enlève un peu de sucre, rajoute ma cannelle. Ça se remet à vomir.

Quelle horreur… Presque tout le monde s'en va. Et je les entends… « Dégueulasse, cette tarte. » Et une fois de plus, j'ai envie de les croire. Mais je résiste. Je résiste encore. Il y va maintenant de mon intégrité…

Après quelque temps, quelques-uns s'approchent… Goûtent…

Wow… quelle bonne tarte… Ils apprécient et en redemandent.

J'apprends alors ce qu'au fond de moi je savais déjà…

Je suis une vraie bonne tarte aux pommes et à la cannelle !

Mais je ne serai jamais une tarte aux framboises…

M'assumer comme personne est la clé de la vie, du bonheur et du droit à obtenir ce qu'il y a de mieux pour moi. Il est inutile de chercher à ce que tous m'aiment, me comprennent, m'approuvent dans mes choix et dans ce que je suis. Rappelez-vous de la première partie de ce livre. Il y a 40 % des gens que je rencontrerai qui ne m'aimeront pas. Faisons avec les 60 % qui restent.

Vous ne pouvez pas construire votre estime personnelle sur les opinions que les autres auront de vous. Vous devez la construire à partir de ce que vous êtes vraiment. Pourtant, il ne manquera pas de gens pour vous dire que ça ne leur convient pas.

Comment allez-vous faire alors pour réussir à ne pas vous en préoccuper ? En effet, vous courrez un grand risque en donnant de l'importance à ce qu'ils disent. L'estime de soi, ça se gagne mais ça se perd aussi, et parfois très vite.

Choisissez vos relations

Imaginez que vous passez dans la rue et que, juste à ce moment, quelqu'un vous regarde et pense: « ce qu'il a l'air con ! » Que se passe-t-il ? Rien. Pas un seul atome de votre corps n'a changé. Pas une seule pensée ne vous a effleuré. Pas un seul comportement ne sera donc modifié. Pourquoi ? Parce que vous ignorez ce que l'autre a pensé.

Imaginez maintenant que quelqu'un vous aborde dans la rue et qu'il vous dise:

— Qu'est-ce que t'as l'air con !

Que va-t-il se passer ? Tout. Avant même que vous ayez le temps de réfléchir, votre cerveau aura identifié un danger. L'adrénaline et le cortisol envahiront votre corps. Un paquet de neurones vont s'activer. Beaucoup d'informations seront emmagasinées et traitées: la crédibilité de la personne, l'entourage, le nombre de personnes ayant entendu cette affirmation, une connexion, peut-être, avec ce que vous pensez de vous-même, une comparaison de toutes ces données pour sélectionner le comportement-réponse approprié. Bref, le cerveau va s'agiter.

Vous réalisez alors que la personne qui vient de vous dire ça est un individu souffrant d'un problème de santé mentale. Il le dit à tous ceux qu'il croise. Que se passe-t-il ? Vos muscles se détendent, l'adrénaline disparaît peu à peu de votre corps, un sourire vous vient au visage et votre calme revient. Il n'y a plus d'agitation en vous. C'est le confort. Vous éprouvez peut-être aussi une sorte de compassion pour ces personnes qu'on laisse dans la rue sans soins.

Supposez maintenant que vous reconnaissez cette personne comme l'ami d'un de vos amis... Hausse de l'adrénaline. Pensées qui se bousculent: est-ce que j'ai vraiment l'air d'un con ? Est-ce qu'il est le reflet de l'opinion de tous les gens que je connais ? Tremblements, air qui manque, choix d'un comportement «approprié»: angoisse, anxiété, contre-attaque: «Hé, mec, tu t'es pas regardé ?»

Mais quelle est la différence entre tous ces comportements ? L'importance que *vous* décidez d'accorder à la personne qui parle. En vous plaçant en situation de donner de l'importance à cette affirmation, vous décidez, au fond, de vous en remettre aux autres pour déterminer ce que vous devez penser de vous. Vous perdez votre centre de référence. Vous tombez en contrôle externe[49]. La seule et unique chose qui fait la différence, c'est ça. Votre propre jugement est invalidé. Celui de l'autre, priorisé. Et vous perdez la question fondamentale: est-ce que vous, vous vous trouvez con ?

---

49. Voir l'attitude n° 2.

En réalité, si, lorsque vous ne savez pas ce que l'autre pense, aucune cellule de votre corps ne se modifie, c'est que l'autre n'a aucun pouvoir sur vous. L'agitation vous appartient donc. Uniquement à vous. Et pourtant…

Vous pourriez jurer que ça ne va pas bien à cause de ce que quelqu'un a dit ou fait. Vous pourriez jurer, bref, que tout dépend des autres alors qu'en réalité, tout dépend de l'importance que *vous* avez décidé de donner à ce qui s'est passé.

Évidemment, dans l'idéal, vous seriez indépendant de toute opinion externe et auriez entièrement le pouvoir de vous déterminer sans attacher aucune importance à ce que les autres pensent. Mais ce n'est pas comme ça que ça marche.

Il y aura toujours des personnes à qui vous donnerez de l'importance. En leur donnant cette importance, vous leur donnerez aussi un certain pouvoir de vous confirmer qui vous êtes. C'est ainsi.

On pense souvent, et à tort, que la maturité consiste à ne pas être influençable. Rien n'est plus faux. La maturité consiste à se connaître influençable et à choisir nos influences pour qu'elles aillent dans le sens où l'on veut aller. Tout part de soi, mais va ensuite vers les autres.

Si on choisit soi-même ce que l'on pense de soi, on peut ensuite choisir de côtoyer des gens qui nous aiment, s'écarter de ceux qui ne nous aiment pas, dans le calme et la sérénité, en nous disant: «Je ne me fiche pas de ce que vous pensez de moi, mais si vous ne m'aimez pas, allez voir ailleurs. Je m'entoure des gens que j'aime mais qui m'aiment aussi et qui me confirment que j'ai raison d'être qui je suis.»

Cela dit, n'allez pas croire que les gens compatibles seront d'accord avec tout ce que vous faites. Pas du tout. Mais ils pourront vous aider à vous dépasser. Ils resteront critiques, mais dans la critique, ne cesseront pas de vous apprécier, de vous aimer. Ils ne considéreront pas vos «défauts» comme des tares, mais comme des exagérations de vos qualités les plus profondes[50].

50. Tous vos défauts sont en réalité des qualités que vous exagérez. N'essayez pas de vous débarrasser de vos défauts. Cessez simplement d'exagérer.

En cela, les gens qui sont compatibles vous aideront non seulement à augmenter votre estime de vous, mais aussi à vous améliorer dans votre être.

Apprendre à dire non

Une fois que vous aurez acquis une bonne estime de vous-même, vous vous apercevrez peut-être qu'il en manque encore un petit bout.

Vous vous êtes entouré de gens qui vous aiment. Cela vous a fait beaucoup de bien et vous leur en êtes reconnaissant. Comme ils vous aident à grandir et contribuent à vous tirer vers le haut pour votre plus grand bien-être, vous aurez l'impression de leur devoir quelque chose, et vous aurez tendance à acquiescer à leurs demandes même lorsque ça ne vous plaira pas ou ne vous conviendra pas.

Résister aux demandes de gens qui vous aiment et risquer qu'ils ne vous aiment plus est probablement le plus difficile dans la conquête de notre estime personnelle.

Dire « non », heureusement, ça s'apprend. Et si vous êtes convaincu que vous méritez ce qu'il y a de mieux, vous serez non seulement entouré de gens qui vous aiment mais qui respecteront vos « non », justement parce qu'ils vous aiment vraiment.

En même temps, dire « non » est une chose très difficile non seulement parce que vous pouvez avoir peur de la réaction des autres, mais aussi parce que vous aurez très souvent l'élan de contribuer à leurs besoins. Il est très difficile de se faire passer en premier. Cela donne l'impression d'être égoïste.

Le faux altruisme

Demandez-vous alors pourquoi vous dites oui quand vous n'en avez pas envie. Est-ce vraiment de l'altruisme ? N'êtes-vous pas plutôt en train de vous protéger de ce que l'autre pourrait penser de vous ? Vous pensez donc à vous en disant oui.

Pire. Vous risquez en faisant cela d'en tenir rigueur à l'autre.

Si vous n'apprenez pas à dire non, vous entrerez dans une sorte de jeu psychologique où vous donnerez à l'autre l'entière responsabilité de vos propres limites.

Un jour, un client me demanda de venir en rencontre un samedi. Or, je ne travaille pas le samedi. Devant cette information, le client insista, m'assurant qu'il n'y avait que moi pour le comprendre. Il n'était pas disponible un autre jour et, assurait-il, il était très important qu'il me voit.

Je finis par accepter et fut tout étonné, le samedi venu, de découvrir en moi de l'agressivité à son endroit. Je dus même contenir une certaine impatience devant ses propos, que je ne jugeais pas si importants que cela.

Que s'était-il passé ?

Inconsciemment, j'avais entièrement gobé la flatterie de mon ego (au sens d'orgueil) *: il n'y avait que moi pour le comprendre.* Du coup, je me sentais redevable. Remarquez que je lui donnais un certain pouvoir : il pouvait me retirer à tout moment cette appréciation. Je fus donc incapable de dire non. Pas par altruisme, mais par souci de ne pas perdre l'image qu'il me renvoyait. Et puisque je lui avais donné le pouvoir, je lui en voulais de l'avoir utilisé. Il aurait dû me respecter et ne pas me demander de rendez-vous.

Si vous n'apprenez pas à dire non, vous risquez de vous enfermer dans des jeux psychologiques tordus et souvent inconscients où il appartiendra à l'autre de deviner vos besoins et où vous maintiendrez une fausse image altruiste de vous-même alors qu'il en sera bien autrement en réalité.

Dans mon exemple, je n'ai pas accepté de recevoir mon client un samedi pour lui mais pour moi. Pour préserver ce qu'il pensait de moi.

Pourquoi est-ce si difficile de dire « non » ? Je ne sais pas. Peut-être que notre culture nous a prédisposés à toujours dire « oui » afin d'être « gentils ».

C'est tellement difficile que non seulement disons-nous parfois « oui » là où nous voudrions dire « non », mais nous allons même nous proposer pour des tâches que nous ne voulons pas faire et pour lesquelles nous n'avons pas eu de demande.

— Samedi prochain, je repeins mon salon.

— Ah oui ? Euh... Bon, je vais aller t'aider.

En fait, nous n'avons pas du tout envie de passer notre après-midi à faire de la peinture et ça nous obligera à décaler nos autres tâches. Mais nous nous sommes proposés.

Entendons-nous bien. Je ne suggère pas de dire « non » systématiquement, au gré de nos caprices, à tout ami qui nous demande de l'aide. Ce serait renoncer à nos valeurs. Il s'agit simplement d'apprendre à dire « non »... pour que nos « oui » soient des vrais « oui ». Dans le respect de soi et le respect de l'autre. Pour cela, il faudra y aller par étapes.

Première étape : observez-vous

Pour pouvoir dire « non », il faut d'abord déprogrammer cette injonction intérieure que, pour être gentil, il faut toujours dire « oui ».

Vous pouvez déraciner cette injonction en ramenant en vous tous les « il faut » de votre vie. (Attitude n° 1). Observez à quel point vous en avez. Voyez-vous agir. Remplacez d'abord en vous l'expression « il faut » par l'expression « ça serait mieux ». Ça donne déjà un espace de liberté.

Remarquez à quel point vous associez « dire oui » à « être gentil ». Remarquez comment, en vous, il est négatif de dire « non ». Remarquez aussi à quel point vous n'aimez pas vous-même recevoir un « non ».

Vous allez sans doute découvrir aussi que lorsque vous dites « non », vous avez l'impression de rejeter l'autre alors que ce n'est pas de ça dont il s'agit. De la même façon, vous vous sentez peut-être rejeté lorsqu'on vous dit « non ». C'est que vous vous êtes tellement identifié à votre demande que vous êtes devenu la demande. Avez-vous déjà entendu une expression du genre: « Si tu m'aimes, tu vas dire oui » ? C'est exactement de cela dont il s'agit. Toutes nos demandes deviennent des demandes de preuves d'amour. Désidentifiez-vous de votre demande et vous verrez que quelqu'un peut très bien vous aimer sans repeindre votre salon[51].

Donnez le droit aux autres de vous dire « non » sans que ça vous remette en question et apprenez à recevoir leurs « non ». Plus vous pourrez les recevoir, plus vous pourrez le dire vous-même.

Et répétez-vous que vous avez le droit de décider de votre vie et de votre emploi du temps.

Deuxième étape : éloignez-vous de « ce que les autres vont penser »

Continuez de vous observer. Remarquez comment il est plus facile de dire « non » quand vous êtes certain que la majorité des gens vous approuveront et comment c'est difficile de le faire si vous savez que les autres n'approuveront pas.

Commencez à faire des petites affirmations que vous savez contraires à la majorité. Supportez l'anxiété que vous allez inévitablement vivre alors. Si quelqu'un vous dit qu'il ne pense pas comme vous, ne vous justifiez pas[52]. Dites simplement que vous constatez que vous n'avez pas la même opinion. Juste ça.

Une fois plus à l'aise avec l'expression de votre opinion et convaincu qu'elle est aussi valable que celle de n'importe qui d'autre, vous serez prêt à passer à l'autre étape.

De toute façon, pour avoir le droit de dire « non », vous devrez renoncer à recevoir des autres l'autorisation d'être vous-même.

---

51. Bien sûr, si les gens qui vous entourent apprécient votre aide, mais ne sont jamais disponibles pour vous, c'est une tout autre histoire. Ils font peut-être partie du 40 % dont vous gagneriez à vous débarrasser !

52. Nous verrons cela à la quatrième étape.

Essentiellement, concentrez-vous sur le fait que vous êtes quelqu'un de bien, avec ses couleurs propres, et que vous avez parfaitement le droit d'être ainsi. Si les gens qui vous entourent ne sont pas en accord avec vos couleurs, c'est que vous n'êtes peut-être pas avec les bonnes personnes.

Troisième étape : commencez à mettre des limites

Encadrez d'abord vos « oui ». Mettez des limites.

— Oui, je peux t'aider à repeindre ton salon (attendez tout de même qu'on vous le demande). Je pourrais venir *entre 14h et 16h* dimanche prochain.

Vous commencerez ainsi à mieux vous respecter et vous y prendrez goût. À force de mettre ces limites, observez si elles vous conviennent. Augmentez-les. Jusqu'à en arriver à dire « non ».

Si vous vous sentez coupable[53], dites-vous que c'est normal. Tolérez la culpabilité en vous et observez à quel point vous ne vous autorisez pas à dire « non ». Ne faites qu'observer sans pour autant changer d'idée et surtout sans vous juger. Observez à quel point cette culpabilité n'est en rien liée à vos valeurs, mais plutôt à la réaction des autres à vos limites ou à vos « non ».

Si les autres ne réagissent pas, vous ne vous sentirez pas coupable. Si les autres réagissent, vous vous sentirez coupable et aurez un intense besoin de vous justifier. Résistez.

Quatrième étape : ne vous justifiez pas !

La justification est généralement une tentative de convaincre l'autre que vous avez raison de dire non. Une tentative donc pour qu'il vous donne en quelque sorte la « permission » de dire non. C'est une forme de dépendance à son opinion. Pire, c'est la porte ouverte à une négociation. Toujours.

53. La culpabilité est un sentiment anxiogène. Relisez le chapitre sur les peurs. Pour faire disparaître l'anxiété, il faut la tolérer. Dire oui alors qu'on veut dire non est de l'évitement.

Si quelqu'un veut me voir demain, je peux répondre en me justifiant.

— Je ne peux pas, j'ai les enfants demain !

J'ouvre cependant la porte à une négociation.

— Amène-les.

C'est parfait si je voulais dire « oui » et que les enfants m'empêchaient vraiment d'y aller. Mais si c'est un prétexte pour dire « non », ça ne marchera pas parce que j'ai ouvert la porte à une négociation sur la présence des enfants. Mieux vaut alors ne pas justifier du tout.

Bien sûr, il peut arriver que j'aie à cœur d'expliquer les raisons de mon refus à la personne qui me fait une demande, simplement par considération pour elle. Il ne s'agit pas alors d'une négociation mais simplement d'une marque d'attention.

Il est facile de distinguer la justification de l'explication.

Posez-vous les questions suivantes. Est-ce que ce que vous allez dire a pour but de convaincre l'autre du bien-fondé de votre réponse ? Est-ce que cela a pour objectif de vous convaincre vous-même que vous avez raison ? Est-ce que vous avez l'attente qu'en expliquant, la personne soit d'accord avec vous ? Oui ? Il s'agit d'une justification.

Est-ce que vous avez simplement envie de donner plus d'explications et que, peu importe la réaction, ça ne changera rien ? Oui ? Il s'agit d'une explication.

Je vous donne un exemple.

Si je veux prendre une semaine de congé dans trois semaines et, par conséquent, ne recevoir aucun client, je vais probablement dire :

— Dans trois semaines, je serai en congé et ne ferai pas de consultation.

Je fais ça par considération pour eux parce que mes valeurs me dictent intérieurement de leur fournir une explication sur mon absence.

En aucun cas, je suis ouvert à remettre en question cette semaine de congé. Quelqu'un pourrait m'exprimer son « insatisfaction »:

— C'est dommage parce que j'aurais vraiment eu besoin que nos rencontres ne s'arrêtent pas une semaine.

Je ne me sentirai pas coupable et ne recevrai pas ça comme une désapprobation. Je vais plutôt regarder avec cette personne comment elle pourrait faire pour passer cette semaine le mieux possible.

Si au contraire, je suis du genre à ne jamais m'autoriser de vacances et à considérer que je dois tout à tout le monde, cette remarque de mon client va me rentrer dedans. Peut-être même au point de remettre ma semaine de congé à plus tard.

Dans le premier cas, je donnais une explication. Dans le deuxième, une justification. Ce sont les mêmes mots. C'est mon intention derrière mes mots qui détermine de quoi il s'agit.

Vous voyez maintenant l'importance de vous observer? C'est à l'intérieur de vous que ça se passe et non à l'extérieur.

Cinquième étape: attendez-vous à des réactions

Cela dit, plus vous avez habitué les gens à ce que vous disiez tout le temps « oui », plus il y aura de réactions quand vous commencerez à dire « non ». Elles seront là. C'est normal. Si vous vous y attendez, il sera plus facile de les vivre et de tolérer l'inévitable culpabilité que vous vivrez.

Cette culpabilité est normale. Répétez-vous cela. Normale pour quelqu'un qui a été élevé à être « gentil ». Mais cette culpabilité est aussi votre amie, car elle vous renseigne sur vous-même. Elle vous dit à quel point vous ne vous autorisez pas à être vous-même. Ne vous inquiétez pas. Elle disparaîtra peu à peu dans la mesure où vous la tolérerez plutôt que de l'éviter.

Il est aussi possible que vous ayez à modifier votre réseau en vous éloignant légèrement ou beaucoup de gens qui réagissent trop à vos « non ». Ne soyez pas trop sévère avec eux. Ils sont habitués à ce que vous disiez toujours « oui ». Éloignez-vous doucement, pour un temps. Revenez. Dites-vous que les gens qui vous aiment vraiment vont comprendre et vous encourager. Leur réaction parle d'eux et non de vous.

Il n'est pas évident d'apprendre à dire « non » quand on a toujours dit « oui ». Il faut revenir à soi, s'observer dans ses difficultés d'exprimer clairement qui nous sommes, cesser de donner le droit aux autres de le déterminer et surtout, une fois convaincus que nous sommes vraiment en droit de dire non, y aller graduellement.

Des petits « non » au début. Des plus gros par la suite. Et le tout sans attendre que les autres nous en donnent la permission. Au début, on se sent coupable. Après, on se sent libre.

N'est-ce pas mieux ainsi ?

Bien sûr, on aura toujours derrière la tête et dans le cœur ce grand questionnement : « Oui, mais ne deviendrai-je pas un égoïste ? » Cette crainte de devenir un égoïste est bien normale. Personne n'a envie de devenir égoïste en étant lui-même. Personne n'a envie de ne penser qu'à lui. Le problème, justement, c'est que pour véritablement être au service des autres dans ce que je fais de mieux, je dois être moi-même.

J'ai déjà abordé le fait qu'en ne mettant pas de limites au nom de l'altruisme, je pense très souvent à moi en réalité. Mais il faut aller plus loin.

Vais-je devenir égoïste en étant moi-même ?

En psychologie, nous parlons souvent de penser à soi d'abord, de s'apprécier, de s'aimer soi-même, de s'occuper de ses propres besoins, d'être centré sur soi.

Parfois, ces notions passent mal dans la psychologie populaire et comme les gens sont très friands de ces bouquins de développement personnel, il arrive qu'il y ait beaucoup de confusion.

En fait, il ne s'agit pas du tout de se mettre à se regarder le nombril, à devenir suffisant, à ne plus se préoccuper des autres. Non, grands dieux ! Il s'agit simplement de ne pas se laisser déterminer par les autres et de choisir nous-mêmes ce qui est adéquat pour nous.

Je suis profondément convaincu que notre mission de vie s'exprime par une habileté que nous sommes venus mettre au service des autres. Pour la trouver et accomplir ainsi notre mission, nous devons être centrés sur ce que nous sommes, nos valeurs, nos goûts profonds et nos besoins.

Si je refuse un client un soir parce que je dois me reposer, cela me permettra d'être mieux disposé pour celui du lendemain matin. Si je suis conscient que je n'aime pas assez une personne, je ne m'engagerai pas avec elle, lui évitant aussi une grande douleur par la suite lors d'une séparation inévitable à long terme.

Si je refuse une sortie, c'est que je m'aime assez pour me respecter dans mon besoin de rester chez moi. Mais j'aime aussi l'autre assez pour lui éviter ma présence banale alors que je n'ai pas envie d'être là.

Si je dis non à un projet, c'est qu'il ne m'allume pas et que je m'aime assez pour ne pas embarquer dans quelque chose qui ne me correspond pas. J'aime aussi assez les autres et je respecte assez leur projet pour ne pas leur donner l'illusion qu'ils viennent de trouver une personne-ressource pour ce qu'eux considèrent comme le projet du siècle.

C'est en sachant dire non que je saurai dire oui. Il est vrai que notre vie est au service des autres. Il est aussi vrai que nous ne pourrons pas les aimer mieux que nous nous aimons nous-mêmes.

« Aime ton prochain *comme* toi-même. » Vous vous souvenez ?

Quand je dis non, c'est pour mieux dire oui. Quand je dis oui, c'est un vrai oui.

Il s'agit d'aimer les autres. Très fort. Aussi fort que nous nous aimons.

Cette forme d'égoïsme est altruiste. Elle nous permet d'être pleinement présents à nos capacités, notre potentiel, nos valeurs afin d'être ensuite pleinement présent à ceux qui nous entourent.

Ce n'est que lorsque nous aurons découvert que nous sommes un cadeau précieux pour le monde et que nous nous traiterons comme tel que nous pourrons mettre ce cadeau au service du monde, de la façon la plus adéquate possible.

C'est là où vous vous accomplirez le plus personnellement que vous serez aussi le plus efficace pour les autres.

Honorez qui vous êtes. C'est très loin de l'égocentrisme.

Vous vous assurez ainsi que les autres reçoivent ce qu'il y a de mieux et que ce qu'il y a de mieux pour eux, pour l'instant, c'est vous.

Et si ce n'est pas le cas, vous auriez dû dire non.

En résumé

Pour réaliser votre rêve et peut-être même trouver votre mission, il importe, dans un premier temps, d'avoir la conviction profonde que vous le méritez. Cette conviction, née de l'estime de soi est absolument fondamentale pour se réaliser.

Pour cela, il vous faut d'abord prendre conscience – même si ce n'est que rationnellement au début – que vous méritez ce qu'il y a de mieux puis, en posant de petits gestes simples, réussir à ancrer dans votre cœur cette conviction.

Cela va vous permettre de vous apprécier pleinement et aussi de vous entourer de gens qui vous renvoient l'image de vous-même que vous êtes quelqu'un de bien.

Cela va également vous permettre de refuser ce qui ne vous convient pas en ne vous souciant plus de ce que les autres pensent de vous.

Gros programme en vérité, mais il n'est pas nécessaire de l'avoir terminé pour commencer à vous donner ce qu'il y a de meilleur et à vous assumer comme personne unique ayant une mission unique.

Il est normal d'avoir parfois des ratés, de ne pas toujours réussir à se donner ce qu'il y a de mieux ou de retomber dans une estime de soi incompatible avec le fait de s'assumer totalement. Il est normal de douter, de se sentir coupable de dire non, de ne pas toujours y arriver.

Dans la mesure où vous êtes dans cette direction, dans la mesure où vous pouvez vous observer sans jugement lorsque vous n'y arrivez pas, dans la mesure où vous avez pris la décision rationnelle de vous donner ce qu'il y a de mieux, il faut avoir confiance que le cœur va suivre. Pas toujours, bien sûr, et bien peu au début, mais de plus en plus à mesure que le temps va passer.

Ce qui compte le plus aujourd'hui, c'est de prendre la décision que vous méritez ce qu'il y a de mieux et de vous mettre à la tâche pour l'obtenir. De décider une fois pour toutes que vous êtes quelqu'un de bien. Et agir comme tel même si, parfois, le cœur a des doutes.

C'est en agissant que votre estime va monter, de plus en plus, et que vous pourrez enfin, non seulement avec votre tête, mais aussi avec votre cœur, embarquer dans la grande aventure qui vous est proposée : oser votre vie avec ce vous êtes, ce que vous vivez, ce que vous voulez. Vos rêves, vos aspirations, votre mission sont là. Tout près.

Ça vous tente ?

CHAPITRE 11

Faites vos deuils

Dans tous les lieux habités par la souffrance se trouvent aussi les gués,
les seuils de passage, les intenses nœuds de mystère…
là où se tiennent tapis les dragons sont dissimulés les trésors.

CHRISTIANE SINGER[54]

Ce passé représente ce qui pouvait m'arriver de mieux

Vous serez d'accord avec moi qu'un des bons moyens de se pourrir la vie est de gémir sur notre passé avec des « j'aurais dû », « si j'avais su », « je ne voudrais pas avoir fait ça », « je ne voudrais pas avoir vécu ça », « si c'était à recommencer[55] ».

Je pourrais moi aussi vous nommer toute une panoplie de choses que je referais autrement s'il était possible de me reprendre. Seulement voilà ! Ça ne l'est pas… et ne le sera jamais[56].

54. Singer, Christiane. *Où cours-tu ? Ne sais-tu pas que le ciel est en toi ?* Le livre de poche, Albin Michel, 2001.

55. Revoyez l'attitude nº 1.

56. Revoyez l'attitude nº 3.

Bien sûr, on peut s'apitoyer sur son sort indéfiniment. On peut crier à l'injustice à tout rompre. Pourtant, une chose est certaine, c'est qu'on n'y changera rien[57]. Le passé est le passé.

Vous le savez.

La question est : comment s'en débarrasse-t-on ?

Et la réponse est : on ne s'en débarrasse pas. On l'assume. Et on l'assume en complétant ses deuils.

Il existe un moyen très simple d'assumer son passé : le prendre comme si c'était ce qui pouvait nous arriver de mieux ! N'avons-nous pas dit au début que nous acceptions comme postulat que nous choisissions tout ce qui nous arrive ? Si nous l'avons choisi, c'était donc ce qu'il y avait de mieux pour notre cheminement.

Il me semble que je vous entends rugir : « Voyons donc, ce père salaud, le viol que j'ai vécu à 15 ans, cette mère alcoolique, ce problème de drogue apparu quand j'ai décidé de fréquenter ces personnes à 14 ans… Je ne peux pas me dire que c'est ce qu'il y avait de mieux pour moi, quand même. » « Et puis je n'ai pas choisi de venir au monde dans un trou miteux. Si j'avais eu le choix, j'aurais été la fille ou le fils de Bill Gates, voyons. »

Je sais que ce que je dis est assez difficile à accepter. Personne n'a choisi de se mettre dans la merde, bien sûr. Sauf que ce qui fait que vous êtes comme vous êtes aujourd'hui, c'est en grande partie la somme de vos expériences, y compris celles qui sont négatives. Or, vous avez à vous aimer comme vous êtes maintenant.

Dans le premier film *L'effet papillon*[58] (vous devriez le louer), le scénariste met en scène un homme qui a le pouvoir de retourner dans le passé afin de changer les choses qu'il n'aime pas. Or, à chaque fois qu'il s'y rend, il obtient un résultat encore pire que celui qu'il a voulu corriger. C'est absolument fascinant.

57. Revoyez l'attitude n° 5.

58. *L'effet papillon – The Butterfly Effect*. Film américain de 2004 réalisé par Eric Bress et J. Mackye Gruber et mettant en vedette Ashton Kutcher.

Cela nous mène inévitablement à la conclusion que ce qui s'est passé à une période donnée, ce qui est arrivé ou ce que nous avons choisi était, à ce moment-là, la meilleure chose possible.

Si vous croyez cela – parce que c'est une croyance –, vous envisagerez le passé avec beaucoup moins de ressentiment. Mieux, avec une grande tendresse pour vous-même. Parce qu'il ne faut pas juger des choix d'une époque avec les connaissances d'une autre époque.

L'expérience nous apprend d'ailleurs que pour chaque mauvaise expérience que nous avons vécue, quelque chose de positif en est ressorti. Même si, à l'époque, ça nous a heurtés profondément, nous en arrivons souvent, plus tard, à nous dire : « une chance que c'est arrivé ».

La chance du cocu

Vous connaissez l'expression « la chance du cocu » ?

Lorsque ma conjointe m'a laissé pour un autre en 2008, elle m'a dit que j'aurais « la chance du cocu ».

Bien maigre consolation qui, sur le coup, ne m'a pas vraiment aidé. Pourtant, elle avait raison.

L'expression « chance du cocu » signifie que celui qui a le malheur d'être trompé ne peut pas éternellement être poursuivi par cette poisse et mérite en contrepartie d'avoir de la chance. Mais n'achetez pas de billets de loterie trop vite. L'expression désigne aussi le possible cheminement de croissance à la portée de celui qui souffre, par opposition à celui qui trompe et qui se condamne à répéter le même scénario.

Cela n'empêche pas la souffrance. Dans ma propre histoire, sur le coup, la perspective de croissance ne m'est pas vraiment apparue et j'avoue que je ne me suis pas dit non plus que c'était ce qui pouvait m'arriver de mieux. À l'époque, ça aurait été du déni.La personne souffrante doit vivre son deuil. Avec toute la douleur que ça implique. Si vous vivez un deuil au moment où vous lisez ce livre, vous avez surtout besoin de pleurer. Ce que je dis ici n'est probablement pas de nature à vous aider.

Pourtant…

Une rupture est l'occasion de renouer avec son réseau. C'est aussi un temps propice à se constituer un cercle d'amis quand, jusque-là, on avait négligé de le faire. Dans la souffrance, il ne faut jamais s'isoler, si ce n'est que par moments.

Bien sûr, il y aura la peine. Énorme. Ce sera très douloureux.

Je suis bien placé pour le savoir. Dans le plus fort de ma dépression, j'étais assis dehors par 30 degrés, portant un manteau d'hiver ! Et puis l'automne est arrivé. Puis l'hiver… Lentement, je m'en suis remis. Ça m'a pris près d'un an. Le temps qu'il faut pour faire un deuil, en fait. Vous connaissez la suite : un jour de mai, je me suis levé et il faisait soleil. J'avais traversé.

Traversé le deuil, traversé les souffrances, traversé aussi mes zones les plus noires, les plus sombres, les plus tristes. Et voilà que je me trouvais beau, grand, rempli d'espérance en l'avenir, un avenir qui ne serait plus jamais le même et qui serait mille fois mieux. Je ne comprenais pas. Je savais. Je savais que désormais, tout devenait possible. Mes rêves, mes idées, mes ambitions. La route était ouverte. Je n'avais plus qu'à m'y engager.

C'est ça, la chance du cocu : une traversée.

J'emploie le mot « traversée » parce que de l'autre côté, plus rien n'est pareil. Les odeurs sont plus voluptueuses, les couleurs sont plus radieuses, le chemin de notre vie est plus clair aussi. De l'autre côté, c'est la vie. De l'autre côté, on commence à se dire : « Je suis content qu'elle soit partie. » Au final, je pense, aujourd'hui, que c'est sans doute ce qui pouvait m'arriver de mieux.

Vous avez vécu, vous aussi, des expériences difficiles. Parfois même si terribles que mon petit exemple de chagrin d'amour paraît ridicule comparé à votre vie. Pourtant, vous devez vous demander si vous êtes parvenu à traverser.

Avoir traversé, c'est avoir vécu les souffrances, en avoir appris quelque chose de positif, ne plus être attaché par ce qui s'est passé et en être ressorti grandi.

Ce n'est qu'à cette condition que vous pourrez envisager, même si parfois ça a été difficile, que tout ce qui vous est arrivé était vraiment pour le mieux.

C'est une croyance, oui, et elle permet d'enterrer le passé puis d'ouvrir sur l'avenir en vivant le présent adéquatement. Et puis, ne faisons-nous pas « comme si c'était vrai » ?

Si vous n'avez pas traversé, vous serez porté à revenir en arrière. À chaque fois, vous recopierez les vieux schémas dans le présent. Comme si, dans votre volonté de réparer le passé, vous alliez faire continuellement les mêmes choix en espérant que cette fois, cela se passera autrement. Pourtant, si vous prenez la même route, vous aboutirez toujours au même endroit. On ne répare pas son histoire.

S'il est vrai que nous avons une route à faire, quelque chose à apprendre, une mission à accomplir, un rêve à réaliser, alors nous sommes là pour nous rendre à destination. Pas pour faire demi-tour ni pour tourner en rond. Et cela veut dire que nous aurons à faire des deuils toute notre vie puisqu'en avançant sur notre chemin, il y aura toujours des choses à laisser derrière : enfance, adolescence, relation, ville, etc. À chaque seconde qui passe, nous devons faire le deuil de cette seconde. Elle ne reviendra pas. Jamais. Et toute tentative pour la recréer serait vouée à l'échec.

Si nous ne le faisons pas, nous passerons notre temps à regretter l'époque où nous étions enfant et n'avions aucune responsabilité, renonçant ainsi au plaisir des responsabilités actuelles. Nous passerons notre temps à regretter cette personne qui est partie et que nous idéalisons en pensant que c'était l'amour de notre vie sans voir que, si ça avait été vraiment le cas, cette personne serait toujours là. Nous passerons notre temps à regretter telle voiture, qui était si bonne dans le temps mais qui, aujourd'hui, est complètement dépassée.

C'est vrai pour les peines, et c'est tout aussi vrai pour les joies. Il nous faut aussi les traverser, en faire le deuil.

Il nous est sans doute tous arrivé de nous retrouver dans une soirée qui « levait », comme on dit. Une ambiance fantastique, des gens merveilleux, une expérience inoubliable. La semaine suivante, on refait la même soirée au même endroit avec les même gens et là, plus rien ne lève. On s'ennuie. On est déçu. Pourquoi ? Parce que cette soirée est réalisée sous le signe du passé. On ne veut pas rencontrer les gens aujourd'hui. On veut recréer ce qui a été la semaine dernière. Sauf que ce qui s'est passé la semaine dernière est terminé. Ça a été unique. Et s'il se passe quelque chose aujourd'hui, ce sera forcément différent. Parce qu'on s'attend à reproduire le passé, on ne verra pas ce qui arrive dans le présent.

Parce qu'on était tellement en attente de l'ambiance de la semaine dernière, on n'aura pas vu cette personne qui s'intéressait beaucoup à nous et qui aurait pu être une belle rencontre. On n'aura pas vu celui qui vient d'apprendre que sa mère a le cancer et qui aurait eu besoin d'une petite tape dans le dos. Parce qu'on attendait le clair de lune de la semaine dernière, on n'aura pas vu que, d'aller se camoufler sous le porche parce qu'il s'est mis à pleuvoir servait à nous coller contre quelqu'un qui aurait pu devenir notre partenaire de vie, mais qui s'est finalement écarté parce qu'on se plaignait trop de la température.

Le passé ne revient pas. Et ce n'est que dans la mesure où on l'a assumé et qu'on en a retiré tout ce qui pouvait être bon qu'on se retrouve prêt à vivre la seule chose qui existe vraiment en ce monde : le présent[59].

Faire ses deuils

Pour vivre vraiment dans le présent, il vous faudra faire vos deuils. Je vous suggère ici une façon de procéder. Il y en a d'autres. L'important est de ne pas sauter cette étape. Vous en avez besoin pour aller plus loin dans votre vie.

---

59. N'oubliez pas. L'attitude n° 3 est constamment à développer.

Commencez par un inventaire de vos deuils non résolus. De tous les deuils. Ne dites pas trop vite qu'il n'y en a pas. Repensez à votre vie. Repensez à ce qui vous vient de temps à autre. De ce dont vous vous ennuyez parfois. De cet événement auquel vous pensez encore. De cette situation dont vous vous plaignez ou que vous utilisez pour justifier vos réactions actuelles.

Faites un bilan. Allez-y chronologiquement. Essayez de voir ce qui, dans votre vie, n'est pas encore tout à fait réglé. Repassez votre enfance, votre adolescence, l'époque « jeune adulte », votre vie d'adulte, d'aîné si c'est le cas. Retracez les événements marquants, les personnes marquantes, que ça ait été bon ou atroce. Laissez remonter à la surface vos souvenirs tels qu'ils se présentent à vous. N'essayez pas de les trouver. Laissez-vous aller.

Laissez monter ce qui vient pour toutes les périodes de votre vie. Vous reverrez des événements, des personnes. Lorsque ces souvenirs remonteront, il vous viendra aussi des émotions, des sensations dans votre corps. Laissez simplement monter ce qui vient.

Faites-le d'abord pour votre enfance, de 0 à 5 ans. Fermez les yeux, sans « réfléchir » à celle-ci. Laissez seulement monter les images. *N'essayez pas de vérifier si vos images reflètent la réalité historique*[60]. Laissez-les émerger comme elles viennent, sans les critiquer. Ces images parlent d'une expérience que vous avez vécue, d'une personne marquante. Observez dans votre corps les sensations que vous éprouvez. Elles peuvent être agréables ou désagréables. Ce peut être un frisson comme une tension. Des émotions peuvent également se manifester. Observez-les. Laissez-vous aller un certain temps à cela afin d'*éprouver* pleinement sensations et émotions.

Notez ensuite ces images ainsi que les émotions qu'elles ont suscitées. Ce sera votre feuille de route pour les deuils encore à résoudre dans votre vie.

60. La réalité historique relève du mental. De vos souvenirs. Ce qu'on veut faire surgir ici, c'est la façon dont vous l'avez vécue. Il importe peu, si vous vous voyez avec un chandail bleu de savoir si vous avez déjà eu un chandail bleu. Si vous vous en préoccupez, vous êtes logé dans votre tête. Ce n'est pas le lieu des deuils.

Accueillez simplement ce qui monte et, s'il n'y a rien, accueillez aussi qu'il n'y a rien.

Recommencez l'exercice avec les périodes suivantes : enfance (6-11 ans), adolescence (12-13 ans), adolescence (14-17 ans), jeune adulte (18-20), jeune adulte (21-25 ans), jeune adulte (25-29 ans), adulte (30-39 ans), adulte (40-49 ans), adulte (50-59 ans), adulte (60-69 ans).

Vous allez probablement être tenté d'éviter cet exercice, lequel peut prendre jusqu'à une semaine, pour aller plus loin dans le texte. Je vous encourage à résister et à prendre le temps. Aucun changement ne survient si on se presse trop pour l'effectuer. Et on ne peut envisager aucun futur si on n'a pas fait la paix avec son passé.

Vous avez fait l'exercice ? Si c'est le cas, vous avez maintenant un aperçu des événements et des personnes qui ont marqué votre vie. Si vous ne l'avez pas fait, demandez-vous si vous voulez réellement régler les choses du passé. Peut-être que non et vous en avez pleinement le droit. Peut-être aussi qu'il y a des événements auxquels vous ne voulez plus repenser parce qu'ils ont été trop durs à vivre. Il est important que vous le fassiez. Par contre, vous aurez peut-être besoin de l'aide d'un thérapeute pour vous accompagner dans votre démarche.

Il est possible que cet exercice ne vous ait rien appris. Dans ce cas, vous avez tout de même en main un inventaire qui sera utile pour travailler. Il est possible aussi que certaines images vous aient étonné, que certaines sensations vous aient surpris. Accueillez simplement cette surprise.

Trouver l'héritage

Prenez maintenant ces images une à une. Pour chacune de celles qui vous amènent une certaine paix, une douce nostalgie, bref, pour celles qui ne posent pas problème, prenez simplement le temps de vous dire : « J'ai connu cette personne, j'ai vécu cette expérience. Elle fait partie de moi désormais et j'y ai appris... (Prenez le temps de nommer ce que vous avez appris de cette personne ou de cette expérience.) C'est ce que Monbourquette appelle l'*héritage*. Lorsque vous aurez fait cette démarche, passez ensuite aux choses qui vous ont procuré des sensations et des émotions plus négatives.

Pour chacune des images, observez en vous les sensations qu'elle suscite. Demeurez un certain temps avec ces sensations. Observez aussi les émotions qui surgissent. Prenez le temps de le faire, attendez que tout se calme en vous avant d'écrire, afin d'être bien certain que vous avez accueilli tout ce qui vous venait. Écrire trop vite équivaudrait ici à rationnaliser. Ce n'est pas le temps. Il vous faut accueillir ces émotions, ces sensations corporelles qui accompagnent les images. Il est possible, durant cet exercice, que des pleurs surgissent. Vivez-les et pleurez. Ne vous jugez pas. J'ai vu un homme de 50 ans pleurer pendant 15 minutes la copine qu'il avait eue à 16 ans. Il n'avait simplement pas terminé son deuil.

Une fois que c'est complété, écrivez votre expérience : images, sensations, émotions. Puis — et seulement là —, notez ce que vous en comprenez. S'il n'y a rien, ce n'est pas grave, vous pourrez y revenir plus tard.

Portez attention également aux images qui susciteraient en vous de l'apitoiement. Vous savez, le genre d'images où vous pourriez dire : « Pauvre de moi. » Si cela se produit, arrêtez-vous. Observez *qu'il y a en vous* une victime de cette personne ou de cet événement. Observez également que vous êtes en train de choisir de vous apitoyer sur vous-même et que si vous choisissez cela, vous pouvez aussi choisir autre chose. Attention : demeurez dans l'observation bienveillante des faits : « J'observe que je choisis de m'apitoyer sur moi-même. » Évitez les jugements : « Pauvre imbécile, tu es en train de t'apitoyer sur toi-même. » Encore une fois, les jugements sur soi ne font qu'augmenter le problème et ne règlent jamais rien.

Demandez-vous ensuite s'il reste de la colère ou de la tristesse face à cette personne ou à cet événement. Si c'est le cas, permettez-vous de vivre ces émotions. Laissez-les sortir. Il est possible que vous vous étonniez de leur intensité. Ne vous en faites pas. Laissez tout simplement aller.

Par la suite, notez *ce que vous avez appris de cette personne ou de cet événe*ment. Quel héritage en retirez-vous ? Portez une attention spéciale au fait qu'un héritage doit être positif. Si c'est négatif, revenez aux émotions. Elles ne sont peut-être pas toutes sorties.

Une fois votre héritage trouvé, repensez à cette personne ou à cet événement. Manque-t-il quelque chose pour que vous ayez l'impression que tout est à sa place dans votre histoire ? Il arrive que nous éprouvions le besoin de poser un geste concret ou symbolique en lien avec ce qui est venu en nous.

En voici quelques exemples.

Alors que j'accompagnais une femme dans le deuil non résolu d'un ancien copain avec qui la relation datait du début de sa jeunesse, elle éprouva le besoin de lui écrire afin de s'excuser quant à sa part de responsabilité dans l'échec du couple. Elle ne reçut jamais de réponse, mais eut le sentiment du devoir accompli et cela lui permit de passer à autre chose.

Un homme, autrefois sévèrement battu par son père, sentit le besoin de « l'enterrer », non pas par colère ou défoulement, mais simplement pour passer à autre chose. Il utilisa un objet lui ayant appartenu, l'enfouit dans le jardin, fit une prière et rédigea ensuite très facilement l'héritage de son père, dépourvu de rage ou de ressentiment.

Une autre fois encore, une jeune femme sentit le besoin de trouver une photo d'un garçon qu'elle avait fréquenté à 16 ans et de lui faire une place dans son album. Elle m'expliqua qu'il avait fait partie de sa vie et qu'il n'était pas convenable de ne pas en garder de trace dans son histoire. Elle passa ensuite très facilement à un autre événement de sa vie.

S'il se présente en vous le besoin de poser un geste, accomplissez le geste qui vous semble pertinent, puis revenez à l'héritage.

Une fois que vous aurez réalisé ces étapes pour une personne ou pour un événement, vous devriez sentir s'installer en vous une grande paix. Dans le cas contraire, recommencez et voyez si vous n'auriez pas oublié une émotion quelque part. Vous remarquerez que cette paix s'accompagne de la disparition du ressentiment. Vous aurez l'impression d'avoir pardonné et ce sera effectivement le cas.

Le pardon n'est pas un acte de volonté. C'est une chose qui va de soi lorsqu'on a traversé les étapes du deuil.

Lorsque j'ai complété le deuil de ma conjointe, il m'est venu à l'esprit que, grâce à elle, je m'étais ouvert à une dimension plus spirituelle. C'était mon héritage. Désormais, il m'appartenait. La question du pardon ne se posait plus.

Faites cela pour chacune des images ayant suscité en vous des sensations négatives.

Si votre vie a été si pleine de misère, si remplie d'événements qui ne sont pas encore assumés qu'il vous semble difficile de réaliser l'exercice seul, il est possible que vous puissiez profiter avantageusement d'un accompagnement pour franchir cette étape. Il vous faudra alors trouver un thérapeute de confiance, à l'aise de travailler les deuils, qui pourra vous aider à faire cette démarche.

Dans ce cas cependant, il est possible que vous deviez interrompre votre lecture. Prenez soin de vous. Vous y reviendrez. Ne vous en faites pas. Il est préférable de bien faire les choses plutôt que de répéter ce dans quoi vous vous embourbez depuis des années.

Vous avez terminé ? Ouf... Que d'émotions, n'est-ce pas ?

Il nous reste une petite expérience à mener avant de clore ce chapitre.

Il s'agit d'un exercice de visualisation. Au besoin, enregistrez ce texte pour le faire rejouer lorsque vous vous y adonnerez.

Fermez les yeux. Voyez-vous debout, tourné vers l'héritage de votre passé. (Laissez votre imagination vous montrer une image qui en sera pour vous le symbole.) Tourné ainsi vers votre héritage, tendez les bras pour l'accueillir. Faites l'expérience que cet héritage entre en vous et vous envahit par sa force et par sa chaleur. Ramenez doucement les bras vers vous et sentez cette force qui vous habite maintenant. Lentement, très lentement, habité par cette force, retournez-vous vers votre futur. (Faites un demi-tour sur vous-même et laissez votre esprit vous montrer une image qui sera, pour vous, un symbole de votre futur.) Toujours habité par cette force, dites maintenant à voix haute : « Je suis prêt à vivre le reste de ma vie et à réaliser mes rêves. » Demeurez un moment à accueillir les sensations dans votre corps et les émotions qui montent puis ouvrez les yeux doucement.

Votre nouvelle vie vient de commencer.

Vous aurez encore des deuils à faire. La vie est constituée de deuils. Pourtant, vous les ferez maintenant à mesure qu'ils se présentent et le passé ne viendra plus vous encombrer.

Et si jamais un pan de passé oublié surgit dans votre vie, vous ferez immédiatement ce qu'il faut pour que plus rien ne bloque votre avenir.

Ce n'est qu'en pleine possession de notre héritage, de tout notre héritage, que l'on peut avancer fermement sur la route.

CHAPITRE 12

Cessez d'avoir peur de votre ombre

Toutefois, en luttant sans succès contre
les parties de moi-même dont je ne voulais pas,
je me suis aperçu que je n'avais pas besoin de rejeter quoi que ce soit.
Je devais plutôt intégrer et accepter tout l'ensemble.

DEBBIE FORD[61]

Une des plus grandes peurs que nous ayons est de nous transformer au point de ne plus recueillir l'assentiment des autres et ainsi d'être délaissé par eux. J'en ai parlé notamment dans le chapitre sur la peur et celui sur l'estime de soi.

Ici, je dois aborder une autre conséquence de la peur. Celle qui nous fait nous renier nous-mêmes par peur du rejet.

Souvenez-vous de votre enfance et de votre adolescence. Qu'est-ce que les gens autour de vous privilégiaient comme comportements ? Que vous demandait-on pour être « bon garçon » ou « bonne fille » ?

61. Ford, Debbie. *Op. cit.*

Quelles valeurs étaient véhiculées dans votre milieu familial, parmi vos amis ?

Vous avez essayé de vous conformer aux attentes de vos différents milieux de vie. En faisant cela, vous avez forcément renoncé à des valeurs, des comportements, des attitudes que vous portiez pourtant. Ce à quoi vous avez renoncé n'est pas disparu. Il a simplement été relégué à l'arrière-plan. Vous l'avez en quelque sorte mis dans l'ombre. Si bien qu'aujourd'hui, vous ignorez même que vous portez cela.

André a toujours pensé qu'il ne fallait pas se faire trop remarquer dans une soirée pour éviter d'attirer l'attention. Pour lui, c'est impoli et c'est hyper négatif. D'ailleurs, il méprise profondément ces personnes qui « prennent le plancher » et se font remarquer systématiquement dans de telles soirées. Il a tendance à les juger sévèrement comme des gens impolis et prétentieux qui ne veulent qu'attirer l'attention. Même lorsqu'il est amené à faire une présentation publique, il le fait avec le plus grand sérieux et s'énerve lorsque des collègues tentent d'insérer de l'humour dans les leurs.

En fait, André a très peur de son côté « clown » et a complètement intériorisé qu'en « faisant le con », comme il le dit, il sera rejeté. D'ailleurs, constamment, il se répète : « Ce n'est pas le temps de faire une blague… Qu'est-ce que les gens vont penser ? »

Un soir, alors qu'il assiste à un 5 à 7 de son bureau, André n'a pas vu que ce qu'il buvait avait une grande teneur en alcool et s'est retrouvé pour le moins éméché. Soudain, il s'est mis à agir comme un vrai clown. Plusieurs en ont énormément ri, mais un collègue un peu strict l'a rabroué alors qu'il se trouvait dans un coin en lui disant d'une voix sèche et avec un ton réprobateur:

— Ouais, on veut se faire remarquer, hein ? Monsieur a besoin d'attention aujourd'hui ?

André a pris ce reproche en pleine gueule et est revenu à son comportement tranquille. Humilié, il s'en est voulu pendant des jours de s'être laissé aller. Il devint encore plus réservé dans les soirées et en vint même à ne plus boire du tout, de peur de « faire un fou de lui », comme il l'affirmait lui-même.

Qu'est-ce qui s'est passé au juste ? André, comme nous l'avons mentionné plus haut, a toujours porté en lui une dimension « clown » qui, avec le temps, a été reléguée à l'arrière-plan de sa personnalité comme un comportement indésirable. Pourtant, cette dimension, même en arrière-plan, est demeurée en lui. Elle était prête à surgir. L'alcool ayant levé ses inhibitions, la partie « clown » d'André est donc automatiquement apparue au 5 à 7 du bureau. Au moment où son collègue lui a fait ce reproche, André s'est senti humilié non pas d'abord parce que le collègue le lui reprochait, mais surtout parce qu'il était d'accord avec lui : ce n'était pas un comportement désirable. Ce collègue représentait ainsi l'ensemble de tous ceux qui l'avaient convaincu au cours de sa vie que « faire le clown » n'était pas adéquat.

En termes un peu plus psychologiques, André possède une dimension « clown » dans son ombre et il a très peur de cette dimension. Pour lui, elle est synonyme de superficialité, de prétention, et il s'est convaincu qu'il sera rejeté s'il s'y laisse aller. Il s'est donc constitué une personnalité très sérieuse.

Il retirera énormément d'avantages à intégrer cette partie de lui-même. Cela ne veut pas dire qu'il deviendra un clown. La partie sérieuse de sa personnalité continuera à exister. Il l'aura simplement assouplie en y ajoutant une couleur différente. Il pourra faire profiter de cette dimension à son entourage et n'en sera que plus complet.

Si l'on veut oser sa vie et faire exploser nos couleurs, il faudra laisser toutes nos dimensions s'exprimer. Même celles qui sont dans l'ombre. Et pour ça, on devra se résoudre à apprivoiser notre ombre.

Apprivoiser son ombre

En fait, je l'ai affirmé un peu plus haut, nous nous développons de façon telle que l'on relègue au fond de nous, dans un premier temps, tout ce qui ne semble pas adapté à la société. Par conditionnements. Par peur des réactions.

Parmi ce qu'on enfouit en nous, il y a des choses que nous n'aimons pas, plus noires – qu'il faut par ailleurs apprendre à aimer –, mais il y a aussi des qualités qui n'ont pas été les bienvenues dans notre milieu.

C'est le cas entre autres de certains talents ne correspondant pas aux valeurs familiales. Tout ça, c'est ce que Jung appelle « l'ombre ».

Or, la meilleure explication de l'ombre qu'il m'ait été donnée de lire jusqu'à maintenant se trouve chez Jean Monbourquette[62].

Selon Jung et Monbourquette, nous possédons un ego (un moi) contenant entre autres notre *animus* ou *anima* (notre côté féminin pour l'homme et masculin pour la femme). Notre ego se fabrique un masque social, la *persona*, à partir duquel nous entrons en contact avec les autres. Avec les années, l'éducation aidant, nous rejetons une partie de ce que nous sommes parce que cela ne nous convient pas, parce que c'est trop menaçant, parce que c'est moins accepté, etc. Cette part de nous-mêmes que nous ne désirons pas reconnaître est reléguée dans l'ombre. Au-delà de cette ombre, il y a le Soi (ce que Monbourquette nomme « l'âme », « le divin en nous »). Le Soi nous connaît et sait très exactement ce qui est bien pour nous. C'est dans le Soi qu'on trouve notre mission de vie, et les moments extatiques que nous pouvons avoir vécus (expériences sommets) sont des moments où le Soi a fait une percée dans l'ego. D'ailleurs, plus l'ego est aligné sur le Soi, plus nous sommes nous-mêmes dans toute notre splendeur.

Reprenons cela avec une image. Imaginez que votre personne tout entière est un gros camion avec une remorque.

La *persona* est l'image que vous voulez projeter de vous. Vous avez sans doute déjà remarqué que les devants de voitures et de camions peuvent être assimilés à des figures. On dira de certains qu'ils ont une figure comique, d'autres une figure austère ou en colère. C'est là l'image que vous projetez de vous. C'est votre masque. Et il est possible que vous en changiez selon les circonstances, mais il demeure une constante dans ce masque : l'idée que vous vous faites de ce que vous voulez projeter.

Dans l'image du camion, l'ego est le conducteur qui se trouve dans la cabine. On ne voit pas beaucoup le conducteur. On voit surtout le devant du camion. Dans la cabine, derrière l'ego, se trouve une trappe donnant accès à la boîte du camion et où il peut mettre tout ce qu'il

62. Monbourquette, Jean. *Apprivoiser son ombre. Op. cit.*

n'aime pas. Cependant, une fois que c'est placé dans cette boîte fermée, le conducteur n'y a plus accès à moins de prendre une longue pince et de s'aventurer à l'aveuglette à travers la trappe.

Le conducteur (l'ego) a beau être sur la route, la carte routière est dans la remorque de derrière. Il y a quelqu'un (le Soi) dans cette remorque qui la tient et qui ne demande pas mieux que de donner les indications au chauffeur (l'ego). Cependant, son appareil radio est brouillé par tout ce qui se trouve dans la boîte du camion (l'ombre).

Le problème, c'est que le conducteur ne peut rien jeter de ce qui se trouve dans cette boîte. Pour arriver à débloquer le signal radio, il doit enlever ce qu'il y a dans la boîte et lui trouver une place devant, avec lui. S'il réussit cela, il entendra parfaitement les indications du Soi.

La première fois que j'ai utilisé cette image, quelqu'un s'est exclamé : « C'est mal fait ! On aurait dû asseoir le Soi avec le chauffeur ! »

Bien sûr ! Mais ça serait trop facile. Il faut voir la vie et notre développement comme un jeu. Si le jeu ne vous amuse pas, vous n'aimerez pas votre vie parce qu'il n'y a aucun moyen de faire autrement. Jouez le jeu et amusez-vous. Vous n'avez pas le pouvoir de changer ça de toute façon[63].

Par hypothèse, si l'on pouvait intégrer complètement l'ombre, l'ego serait parfaitement aligné sur le Soi et nous serions dans la joie de remplir notre mission. C'est peut-être le cas de certains moines bouddhistes qui, ayant beaucoup travaillé leur ombre, en arrivent le plus souvent à être simplement dans la joie.

Normalement, vers 40 ans, l'ombre commence à réclamer ses droits. C'est souvent là que l'on se remet beaucoup en question d'où, d'ailleurs, cette fameuse « crise de la quarantaine » dont tout le monde parle et qui, soit dit en passant, n'est pas obligée d'être une crise.

Il est possible de travailler l'ombre bien avant. En tout cas, c'est mon point de vue. En effet, le sens d'une partie de ma mission personnelle est d'aider les plus jeunes à passer à un autre niveau en intégrant au moins une partie de leur ombre et à découvrir des éléments de leur mission.

Plus nous aurons intégré l'ombre jeune, moins il y aura de « crises » de développement parce que notre personnalité sera plus souple.

Pour travailler son ombre (ou des parties de son ombre), il suffit de regarder autour de soi ce qui énerve totalement. La plupart du temps, il s'agit de projections de ses propres dimensions d'ombre. Il devient alors intéressant de se centrer sur soi plutôt que sur l'autre, afin d'en saisir l'occasion de grandir. Et ça a le mérite de laisser l'autre tranquille.

Supposons que je suis quelqu'un dont la *persona* se flatte d'être dans l'économie, la sagesse du recyclage écologique, l'engagement au service de la planète. Mon ego désire ardemment faire quelque chose pour l'environnement et s'est engagé dans ce sens. Il y a en moi un écologiste fervent. Lorsque je vois quelqu'un jeter une bouteille de plastique dans les poubelles plutôt que dans le recyclage, je suis pris d'un sentiment d'énervement indescriptible et j'ai envie de l'engueuler. C'est viscéral. Je peux bien sûr en rester là et le haïr tout simplement, je peux l'engueuler vertement et laisser libre cours à mon adrénaline,

---

63. Revoyez l'attitude n° 7 !

mais je ne peux pas prendre ce que j'ai vu avec un grain de sel : ça m'énerve.

Je peux par contre en profiter pour entrer en contact avec mon ombre qui a en elle, hors de tout doute, un « terroriste environnemental » potentiel. Au début, c'est une réaction affective qui se produira : « impossible, je ne suis pas comme ça ! » me dirai-je à moi-même. Réaction normale puisqu'il s'agit d'une dimension que je ne veux pas voir. Il est certain que je vais la nier.

Il ne s'agit pas ici de changer complètement et de se mettre à gaspiller les ressources planétaires. Il ne s'agit pas de devenir ce que porte l'ombre et qui serait au final comme reléguer l'écologiste dans l'ombre. Non. Il s'agit de saisir l'occasion de me comprendre plus et d'intégrer une dimension différente de moi se manifestant tout à coup.

Il y a en moi une partie de moi qui aimerait bien pouvoir aussi gaspiller les ressources. Et cela ne convient pas, ni à mon ego ni à ma *persona*.

En la reconnaissant, en l'accueillant, en l'intégrant, je deviendrai plus présent à mes propres envies et, du coup, plus tolérant envers ceux qui gaspillent. Je découvrirai peut-être alors qu'il y a quelque chose que je peux assouplir en moi, quelque chose qui me portera plus haut, plus loin. Je ne perdrai pas mes valeurs, mais il est possible que je comprenne mieux cette personne qui jette sa bouteille de plastique et cela pourrait me porter, par exemple, à installer un système de récupération plus facile et plus accessible.

Je me suis longtemps battu contre cette idée que tout ce qui nous énervait parlait de dimensions cachées de nous-mêmes. J'eus le privilège de participer à un atelier avec Monbourquette quelques mois avant son décès. Malgré ses limitations sévères, il n'avait rien perdu de son humour.

Au moment où la présentatrice qui l'accompagnait mentionnait que nous portions dans notre ombre les choses qui nous tapaient sur les nerfs, je levai la main pour m'objecter. Les 24 autres personnes présentes semblaient très intéressées par mon argument :

— Vous ne pensez pas qu'il arrive parfois où les choses nous énervent juste parce que c'est énervant ?

C'est Monbourquette lui-même qui réagit à ma question. Il sourit et me demanda :

— Voudriez-vous faire une expérience ?

Devant mon accord, il me demanda de me placer au centre du cercle des participants puis s'informa de la chose suivante :

— Vous souvenez-vous d'une fois récente où quelque chose vous a énervé uniquement parce que ce n'était qu'énervant ?

— Oui, absolument, répondis-je aussitôt. En venant ici en voiture hier, j'ai été doublé par une Porsche conduite par un jeune « fils à papa », un petit prétentieux qui, en me dépassant, m'a fait un doigt d'honneur. Or, je suis très loin d'être un fils à papa.

Monbourquette semblait de plus en plus amusé. Il me rétorqua :

— Vous n'êtes pas un « fils à papa » mais vous l'auriez bien voulu, n'est-ce pas ?

— (Silence… il avait touché quelque chose d'important.)

— Euh… oui, effectivement, j'aurais bien aimé.

Il continua, de plus en plus amusé :

— Et dites-moi… Si, à 16 ou 17 ans, votre père vous avait acheté une Porsche, vous auriez agi comment sur la route ?

Il m'avait eu.

Plus tard, à mon oreille, il murmura : « En passant, il y avait aussi un petit quelque chose de prétentieux à contredire l'animatrice devant 24 personnes… »

Je me souviendrai toujours de cet épisode. Aujourd'hui, quand on me dit que nos impatiences et nos énervements ne parlent pas toujours de nous, je réponds :

— Oh que oui ! Toujours.

L'ensemble de votre vie vous met constamment sur la piste des projections. Si vous vous en servez pour grandir un peu plus à chaque fois, si vous intégrez ces dimensions de vous jusqu'alors inconnues, vous vous rapprocherez du Soi, lequel est votre vraie nature. En vous rapprochant du Soi, vous vous rapprocherez de la joie. Ainsi vous éviterez l'anxiété, la dépression, l'intolérance, la haine. Vous éviterez le malheur. Vous éviterez la peur.

Dès à présent, prenez la décision d'intégrer votre ombre, de vous poser les bonnes questions, de vous remettre en question à chaque instant. La vie ne vous coincera pas en vous assaillant de centaines de parties de vous-même d'un coup. Elle ira graduellement.

Pour ça, il faut simplement prendre la décision de ne plus juger quoi que ce soit. Si vous découvrez quelque chose qui vous énerve chez les autres, retournez en vous pour y découvrir ce qui s'y cache. Quand vous l'aurez trouvé, ne le jugez pas non plus. Si vous vous surprenez à vous juger, dites-vous intérieurement : « oh, je viens de me surprendre à me maltraiter » et revenez à la bienveillance envers vous. Observez ce qu'il y a en vous et apprenez à l'aimer. C'est une de vos couleurs. Elle mérite d'être reconnue.

Peu à peu, vous découvrirez que c'est en acceptant et en aimant les parties les plus noires de vous-même que vous aurez du contrôle sur elles, que vous pourrez les maîtriser.

Évidemment, en intégrant votre ombre, vous changerez. Or, un changement peut avoir des conséquences sur la façon dont les autres nous perçoivent…

Risquer le rejet

J'aurais pu insérer cette partie dans le chapitre portant sur la peur ou celui portant sur l'estime de soi.

J'ai préféré la placer ici parce qu'intégrer son ombre nécessite non seulement le courage de se regarder en face, ce qui n'est pas rien, mais aussi d'assumer que les changements impliqués par l'intégration de l'ombre risquent de nous faire très peur à cause des réactions possibles de notre entourage. Cette peur du rejet peut nous paralyser.

Devenir davantage nous-mêmes, c'est aussi permettre aux gens qui nous entourent de découvrir des parties de nous dont, au départ, nous ne sommes pas très fiers. Il n'est pas certain qu'ils apprécieront les découvertes et c'est une réelle possibilité que nous soyons rejetés.

Permettez-moi ici de vous raconter une histoire.

Sarah vivait dans un village. Les gens du village l'appréciaient. Elle était complètement conforme à ce que tous attendaient d'elle et ces derniers le lui rendaient bien. Au surplus, elle avait tout pour être heureuse : une maison, un boulot, des amis. Pourtant, Sarah n'était pas heureuse. Elle n'était pas heureuse parce qu'elle voulait justement faire autre chose que ce qu'on attendait d'elle et cela ne faisait pas partie des valeurs du village. Ici, on devait se marier et avoir des enfants.

Elle avait donc tenté de mettre son élan au rancart, de l'oublier en se disant que c'était un caprice, qu'elle devrait se contenter de faire ce qu'on lui demandait et que, somme toute, sa vie n'était pas si mal. Pendant plus de 12 mois, elle avait fréquenté celui qu'on lui avait désigné comme son conjoint. Le moment arrivait où elle devrait se marier. Pourtant Sarah portait intérieurement la conviction que l'on doit aimer la personne avec qui l'on s'engage. Et Sarah n'aimait pas son prétendant.

Oh. Cela peut sembler curieux dans notre civilisation où il va de soi que l'on choisisse une personne que l'on aime pour fonder une famille. Mais dans ce village, ce n'était pas la tradition. Il ne serait venu à l'idée de personne d'aimer l'individu avec qui on se marierait. Ce futur conjoint était désigné par le comité de la famille et choisi en fonction de critères bien précis liés à l'âge, au statut social, à ce que cette union pouvait apporter comme contribution utile au village. Tout était soupesé par le comité. C'était pratique, utile et ça marchait très bien. Normalement, une année de fréquentation permettait au futur couple de se connaître mieux. Au terme de cette année, le mariage était célébré et on s'attendait ensuite à ce qu'un enfant voie le jour au cours de l'année suivante. Ainsi était la norme. Elle était sacrée. Personne ne l'avait jamais contestée.

Mais plus Sarah avançait dans sa période de fréquentation, plus quelque chose se rebiffait en elle. Plus ça exigeait de prendre de la place.

Elle en avait parlé à mots couverts à deux de ses amis qui l'encourageaient à être elle-même, mais elle avait tellement peur. Peur de rencontrer la désapprobation du village, de ses parents, de la majorité de ses amis. Peur, même, de faire face à l'expulsion.

Dans ce village, en effet, c'était du sérieux lorsqu'on s'éloignait des normes. On n'hésitait jamais à bannir définitivement ceux qui ne s'y conformaient pas. Mais Sarah n'en pouvait plus. Elle ne dormait plus la nuit, avait perdu l'appétit, maigrissait à vue d'œil. L'anxiété qui l'envahissait, résultat de la tension entre les normes qu'elle devait suivre et ses envies de les transgresser, prenait maintenant toute la place. Elle était à son comble.

L'idée lui était même venue de se suicider. Plutôt mourir que d'être rejetée ou de continuer à vivre ainsi, pensait-elle. Prise entre deux solutions qui ne lui convenaient pas, la souffrance intérieure était telle qu'elle n'en pouvait plus.

Elle se résigna à se confier à un de ses amis dans les détails. Il fut surpris mais l'encouragea à suivre sa voie. Il lui assura qu'il serait là pour elle et qu'il l'encouragerait toujours.

Elle réfléchit longtemps. Hésita. Tergiversa. Puis, sur la foi de cet ami qui l'encourageait, annonça qu'elle ne se marierait pas. La réaction fut presqu'immédiate. Les commérages, pour commencer, se mirent à prendre de l'ampleur. Elle aurait, selon cette rumeur, un penchant pour les femmes, ce qui, bien sûr, était une horreur au village.

Pendant un certain temps, on espéra qu'elle change d'idée. On se dit que cette « folie » lui passerait. Sauf que Sarah ne se contentait plus d'avoir annulé son union. Elle clamait maintenant à qui voulait l'entendre qu'il fallait de l'amour dans les mariages et que le comité des mariages était une chose révolue. Elle s'attaquait ainsi à l'une des plus vénérées institutions du village. Peu à peu les gens cessèrent de lui parler. Un de ses amis, d'ailleurs, s'éloignait doucement d'elle, prétextant avoir peu de temps ces temps-ci. Le seul qui l'avait encouragé continuait de le faire, mais, remarquait-elle, de plus en plus discrètement, préférant, comme il le disait, ne pas trop s'afficher en public avec elle, malgré qu'il se dise en accord.

Dans une discussion en dehors de la ville, lors d'une promenade à l'abri des regards, il lui avait expliqué que s'il était d'accord avec elle, il n'avait en revanche pas sa force d'affirmation et ne pourrait supporter d'être la cible des commérages et des foudres du conseil. Cela fit mal à Sarah qui pensait qu'il prendrait officiellement position pour elle.

Puis le moment tant redouté arriva. Elle fut convoquée par le grand conseil du village, qui l'accusa de troubler la paix du village par des idées et des comportements inacceptables. On lui demanda une déclaration publique dans laquelle elle affirmerait regretter ce qu'elle avait fait depuis quelques semaines. On lui demanda d'annoncer son mariage et d'expliquer publiquement qu'elle avait simplement eu un moment de faiblesse. On lui donna sept jours pour réfléchir.

Sarah eut encore plus peur. Elle avait une semaine pour réfléchir. Elle avait osé transgresser les normes établies et avait vu se matérialiser ce qu'elle redoutait le plus : le risque d'être bannie du village pour toujours. Une semaine. Elle avait encore une chance de rattraper le coup. Mais cela voulait dire aussi de retourner à ses anciennes angoisses. Et ça, elle ne pouvait pas l'imaginer. Simplement en pensant à l'état qu'elle avait quitté quelques semaines auparavant, elle se dit qu'elle ne le supporterait pas deux fois. Elle était allée trop loin pour reculer. Il fallait qu'elle assume maintenant sa vie.

Tremblante, la peur au ventre, elle rencontra à nouveau le grand conseil pour lui faire part de sa décision. Elle annonça qu'elle croyait ce qu'elle vivait, qu'elle n'envisageait pas changer et que, jamais elle n'accepterait de se marier sans ressentir d'amour pour son conjoint. Tous furent unanimes : elle devait partir.

Elle sortit de sa rencontre avec le conseil le cœur à la fois gros et léger. La peur qui l'avait tenaillée jusque-là semblait se dissoudre au profit d'un immense sentiment de solitude. C'est d'ailleurs ce sentiment qui la poussa jusqu'à la maison du seul ami qui lui restait afin de le mettre au courant de la décision du conseil. Celui-ci l'accueillit sur le pas de sa porte, sans lui demander d'entrer. Il n'était pas froid avec elle, mais il semblait différent. Il lui apprit qu'il était au courant de la décision. Que lui-même avait été rencontré la veille par le grand conseil, qui lui avait enjoint de ne pas la relancer dans le cas où elle ne s'amenderait pas. Il avait pris sa décision : sa famille était trop importante, son village représentait trop, il ne voulait pas risquer de perdre ce qu'il avait.

Le cœur transpercé par ce qu'elle vivait comme une trahison, Sarah partit faire ses bagages et, deux heures avant le délai imposé par le conseil, quitta le village le cœur en lambeaux mais pourtant convaincue qu'elle avait eu raison de faire ce qu'elle avait fait.

Elle traversa d'abord une forêt. Seule. Tenaillée par la peur. La solitude, non choisie vraiment, devenait isolement et détresse. Elle ne savait où aller, personne n'ayant voulu lui indiquer de chemin, prétextant qu'ils ne connaissaient pas suffisamment l'extérieur du village. Elle entendait des bruits qu'elle n'arrivait pas à identifier, anticipant une bête féroce qui mettrait fin définitivement à cette aventure douloureuse et pénible. Pourtant, rien ne se produisit.

Après dix heures d'une marche difficile, elle arriva en vue d'une cabane. L'état de délabrement de cette cabane la renseigna sur le nombre d'années pendant lequel elle avait été inoccupée. À l'intérieur, elle trouva un mauvais matelas sur lequel elle s'étendit, exténuée. C'était comme si elle étendait là plusieurs années de fatigue, plusieurs années de luttes, plusieurs années de doutes. Elle se détendit alors et tomba endormie.

C'est un rayon de soleil passant par les fentes des planches qui la réveilla au petit matin. La chaleur de ce rayon réchauffait une partie de son visage. Elle s'assit et se demanda comment elle allait. Curieusement, elle allait bien. Enfin, pas si mal compte tenu de ce qu'elle anticipait. La lumière du jour lui faisait du bien, le chant des oiseaux lui apportait une douceur qu'elle n'avait pas prévue. Elle s'étira doucement, se leva et pointa le bout de son nez dehors, par la fenêtre délabrée. Un morceau de bois de la fenêtre tomba et faillit l'assommer. Elle éclata de rire, surprise elle-même du fait qu'elle arrivait à rire, dans cette situation qu'elle jugeait par ailleurs pathétique. Elle senti son corps se détendre. Ce n'était pas l'enfer qu'elle avait anticipé.

Seule, au milieu des bois, elle apprit à pêcher, à construire, réparant la cabane à sa façon. Elle apprit aussi et surtout à être seule avec elle-même, contente de sa propre compagnie. Cela dura neuf mois. Neuf mois durant lesquels elle ne vit âme qui vive. Neuf mois durant lesquels elle allait bien, parfois, et d'autres fois pas du tout. Neuf mois pendant lesquels elle sentait, à certains moments, une sorte de rétrécissement en elle, comme si tout son être se contractait. Il lui arriva même de se retrouver en fœtus sur le grabat qu'elle avait rembourré. Comme si elle ne pouvait plus bouger, figée dans la contraction de son être. La douleur de cette contraction était alors indicible. Pourtant, elle savait par expérience maintenant que cette contraction était suivie par une dilatation de l'être et que cette expansion lui faisait, à chaque fois, voir la vie autrement. Comme si elle communiait à la nature. Comme si, seule, elle se sentait pourtant reliée aux êtres.

Elle avait même pensé, un temps, être en train de devenir folle. Cette alternance de contraction et de dilatation, elle avait sérieusement envisagé qu'elle les inventait. Et elle s'était dit qu'elle commençait une sorte de schizophrénie. Puis elle avait remarqué que les contractions en elle se produisaient particulièrement lorsque le sentiment d'isolement montait. Une sorte de détresse intérieure. Une sorte de panique à laquelle elle ne pouvait rien d'autre que de s'allonger et d'attendre que l'anxiété diminue. Elle avait aussi remarqué que le mouvement d'expansion se produisait toujours au moment où le sentiment d'isolement disparaissait. Et alors, étonnée elle-même, plus rien ne la dérangeait dans le fait d'être seule.

Contraction. Expansion. Telle avait été sa vie pendant neuf mois.

Un soir du début de son dixième mois, elle entendit un bruit de sabots au loin. Étonnée, elle sortit et chercha d'où ça venait.

Quelle ne fut pas sa surprise de constater que son ami, celui-là même qui avait accepté les arguments du conseil, venait à sa rencontre, assis sur une des plus belles montures du village.

Il expliqua qu'il n'avait pas changé d'idée et que tout en l'appuyant toujours dans sa démarche, il préférait de son côté rester dans les normes. Il avait donc attendu une occasion de lui rendre visite sans que cela soit louche. Il avait été nommé pour assurer les liaisons à l'extérieur du village et la cherchait à chaque fois qu'il sortait. Il était bien content de l'avoir trouvée d'ailleurs.

Elle lui raconta ses neuf mois de solitude. Elle lui exprima son sentiment de liberté en même temps que son besoin de contact humain. Elle décrivit en long et en large le processus par lequel elle était passée. Le phénomène de contraction – expansion qu'elle avait vécu. Elle avait les yeux pétillants. Visiblement, c'était la vie pure qui coulait maintenant dans ses veines.

Son ami passa la nuit à la cabane puis se remit en route. Au détour du chemin, alors que le cheval disparaissait peu à peu, Sarah se sentit bizarre. Une contraction amorçait son mouvement. Elle l'accueillit avec un sourire et retourna s'étendre. Il fallait attendre que la vie fasse son œuvre.

Assez curieusement, après avoir été neuf mois dans la solitude et avoir accueilli son ami, Sarah commença à recevoir de la visite. Cet ami avait en effet rencontré lors de son voyage des gens qui lui ressemblaient et leur avait indiqué le chemin de la cabane. Un d'abord, venu échanger avec cette mystérieuse femme qui avait osé défier l'autorité de son village. Un autre ensuite, venu avec le premier.

Avec le temps, Sarah eut autour d'elle des gens qui l'acceptaient complètement, qui l'appuyaient, qui la recevaient comme elle était, sans jugement. Des gens comme elle.

Et dire qu'elle avait peur de se retrouver seule.

La peur du rejet et de l'abandon est l'une des peurs les plus tenaces et les plus difficiles à surmonter. Elle suppose que l'on accepte le risque d'être désapprouvé, le risque du retrait de l'amour des autres.

C'est souvent cette peur qui est à l'origine de notre incapacité à accueillir notre ombre. Dès lors, nous n'arrivons pas à vivre la vie dont nous avions rêvé.

Il faut alors questionner ce sentiment d'amour que nous avons peur de perdre. Un véritable amour ne se retire pas comme ça. Si, en étant nous-mêmes, nous perdons l'amour de quelqu'un, c'est peut-être parce qu'au départ, l'amour n'y était pas vraiment.

Lorsque nous vivons d'une certaine façon, nous sommes naturellement entourés par des personnes qui coïncident, la plupart du temps, avec cette façon de vivre. C'est vrai tant pour les comportements les plus « sages », comme une vie rangée avec une famille, deux enfants, deux autos et un garage que pour une vie plus problématique comme une vie de « junkie ». Nous sommes entourés de gens qui viennent, d'une certaine façon, nous confirmer notre façon d'être.

Si l'on en change, il sera inévitable que notre milieu change également.

Il y aura des deuils à faire. Des gens s'éloigneront de nous et d'autres approcheront. Il est bien possible qu'il y ait un moment de vide entre les deux. Ce moment nous est donné pour apprendre à vivre seul et retravailler notre estime de nous-mêmes.

Deux choses sont importantes dans cet accueil de notre ombre.

La première est de ne pas se raconter que les rejets ne se produiront pas. Toutes les personnes de notre réseau n'approuveront pas nos changements, et plus les changements seront grands, plus il risque d'y avoir des gens qui s'éloignent. Vous vous souvenez des 40 % qui ne nous aimeront pas ? Il est temps de porter attention aux 60 %. Se concentrer sur les gens qui nous aiment, accepter d'en perdre certains et d'en faire le deuil, c'est à mon avis l'une des choses les plus fondamentales pour oser être qui nous sommes.

La deuxième est de rester centrés sur cette croyance que la vie amène ce qu'il y a de mieux et qu'une fois complétés les deuils des personnes qui nous quitteront, nous rencontrerons inévitablement des gens plus adéquats qui viendront raffermir notre élan. Cette confiance de base en la vie est absolument nécessaire pour traverser cette peur, qui frôle parfois la panique, d'être désapprouvé et de déplaire.

L'importance de ne pas tout faire en même temps

Allez-y un élément à la fois. N'essayez pas de mettre la charrue avant les bœufs. L'ombre se manifestera lorsqu'elle sera prête à être mise en lumière. À chaque fois, accueillez-vous.

Quand vous serez habitué à vous accueillir, cela deviendra un jeu et vous trouverez très drôle de découvrir que vous portez telle ou telle chose qui vous horripilait. L'épisode de la Porsche avec Monbourquette m'a beaucoup amusé.

Vous n'aurez jamais terminé de travailler sur votre ombre, mais quand les plus gros morceaux seront intégrés, vous commencerez à percevoir l'écho de votre Soi.

Et vous serez vous-même.

Enfin.

CHAPITRE 13

Ça va mal ? Ne paniquez pas !

Nos drames constituent une part indestructible de ce que nous sommes. Quoi que nous fassions et quels que soient les efforts que nous déployions, nous ne pouvons nous en débarrasser. Notre seule option est soit de les utiliser, soit de nous laisser utiliser par eux.

DEBBIE FORD[64]

Peut-être lisez-vous ce livre alors que ça va très mal dans votre vie. Vous voulez du changement mais vous n'y arrivez pas. La vie, vous dites-vous, ne vous a pas choisi pour être heureux.

Il arrive effectivement que ça aille mal.

Parfois, ce sont les conséquences de nos choix que nous avons à assumer : d'une certaine façon, nous avons attiré les problèmes par nos comportements. Parfois aussi, nous n'avons pas cherché ce qui se passe. Nous ne l'avons ni voulu, si désiré, ni attiré. Oui, il y a des choses qui arrivent comme ça, sans raison. L'ordre du monde naît d'un chaos qui s'organise naturellement. Il arrivera donc également dans vos vies que ce soit le chaos. Sauf que c'est vous qui devrez l'organiser pour y trouver un sens.

---

64. Ford, Debbie. *Op. cit.*

Ne laissez pas des gourous en mal de pouvoir vous dire que vous attirez tout et que vous avez mérité ce qui vous arrive. Ce n'est pas vrai. Ne laissez pas non plus des gens qui, bien intentionnés, ont cependant tendance à jouer les thérapeutes sans en avoir les connaissances ou les capacités, vous dire d'emblée que vous avez quelque chose à apprendre de ça. Bien sûr, vous apprendrez, mais ce n'est pas le temps d'y penser. À ce moment précis, c'est d'empathie dont vous avez besoin et non de leçons de morale. D'autant plus que ces personnes, malgré toutes leurs bonnes intentions, sous-entendent elles aussi que vous avez « mérité » l'épreuve qui vous assaille.

Vous n'avez jamais à écouter des gens qui, sous prétexte de vous faire évoluer, susciteront en vous culpabilité, remords et mésestime. Quand bien même que ce qui vient d'arriver aurait été la conséquence de certains choix que vous avez faits, il est bien évident que vous n'avez pas du tout besoin de vous le faire dire. Vous avez besoin de compréhension face à ce qui arrive. Vous avez besoin de personnes qui répondent présent à vos demandes d'écoute empathique, des gens qui feront preuve de compassion (ce qui est loin d'être de la pitié).

Entourez-vous de ces dernières, fuyez les premières et n'oubliez pas les dix attitudes de base qui vous aideront grandement à passer au travers en minimisant les souffrances inhérentes au changement.

Mais quels changements, me direz-vous ? Plus tard, vous allez tenter de voir ce qui vous arrive comme un grand changement dans votre vie. Un changement d'où vous allez tirer parti. Mais pas immédiatement. Non. Pour l'heure, vous souffrez. Le présent consiste donc à accueillir cette souffrance. Non par plaisir mais simplement parce qu'elle est là.

Accueillez vos émotions

Lorsque de telles choses se produisent, il faut d'abord vivre ses émotions. Elles sont là, à vif, et doivent être honorées comme telles. Parce que c'est tout à fait normal.

Quand on est en colère, on crie, on frappe, on hurle. Quand on a de la peine, on pleure toute les larmes que l'on a jusqu'à ce que notre corps ne puisse plus en produire. Les émotions font partie de votre cœur et de votre corps. Tant qu'elles seront à vif en vous, tant qu'elles vous submergeront, vous aurez simplement à les accueillir et à les vivre en vous entourant au mieux de personnes qui prendront le relais si l'abysse dans lequel vous vous trouvez vous rend incapable de vous occuper de vous-même.

Il y a de ces choses qui se produisent parfois et qui nous rendent effectivement incapables de nous occuper de nous.

Surtout, ne vous jugez pas dans ces moments-là. Encore une fois, ce n'est pas faire preuve d'un manque d'évolution que de se tétaniser de douleur. C'est seulement assumer sa condition et vivre son présent. Ce n'est pas faire preuve de fermeture que de fuir les gens qui disent le contraire. C'est faire preuve de sagesse.

Il faut vous donner du temps. Il faut vous prendre comme vous êtes. C'est le temps plus que jamais de vous aimer vous-même, du plus profond de votre être. C'est le temps plus que jamais de demander l'aide de vos amis, les vrais, ceux qui restent dans les temps difficiles, ceux qui ne font pas qu'attendre des services de vous, ceux qui s'attendent naturellement à ce que vous le leur demandiez. Vous vous direz que vous ne devriez pas les déranger, qu'ils ont autre chose à faire, qu'ils ont leur vie. Foutaise. À quoi servent les amis si on ne peut compter sur eux en temps de crise ? N'hésitez pas à demander. Et aimez vos amis assez pour leur faire confiance quant à leur propre capacité à mettre leurs limites.

Les émotions viendront par crises. Certaines fois, elles seront ténues, d'autre fois aiguës comme si le monde s'écroulait. Il est possible que vous vous retrouviez en fœtus en train de hurler votre souffrance. Il est possible que vous ayez l'impression de tomber dans un immense abîme dont vous vous ne relèverez jamais. Vivez ces émotions. Vos amis peuvent vous y accompagner. Ils n'ont pas le pouvoir de vous les enlever puisqu'elles sont à vivre, mais ils ont le pouvoir de vous soutenir pendant les crises.

Dans les moments entre les crises, assurez-vous de dormir et de manger suffisamment. Oh, vous n'aurez pas faim et peut-être non plus n'aurez-vous pas sommeil. C'est là que le médecin, dans son rôle actuel, peut vous aider le plus. Je ne suis pas un grand défenseur de la prise de médicaments, mais il faut manger et il faut dormir. C'est nécessaire à la survie du corps et au bon fonctionnement du cerveau. Vous êtes en survie dans ces moments-là. Voyez à votre survie. Et s'il faut pour ça prendre un médicament, allez-y sans honte. Vous en avez besoin. Ne vous souciez même pas de vous y habituer. Vous en ferez le sevrage plus tard. Survivez. C'est tout[65].

Dans les moments entre les crises, tentez également de prendre un peu de hauteur par rapport à ce qui se passe.

Voyez de plus haut

Prendre de la hauteur, c'est essayer de voir au-delà de l'événement, de le replacer dans l'ensemble de sa vie, de le regarder autrement. Prendre de la hauteur, c'est devenir observateur de cet événement en y étant moins impliqué.

C'est difficile et même totalement impossible lorsque les émotions vous envahissent. Mais lorsqu'il se produit une accalmie, profitez-en pour l'essayer. Au moins un peu.

Plus le temps passera, plus vous y arriverez. La douleur sera moins forte et vous commencerez à voir cet événement comme si c'était quelqu'un d'autre qui le regardait.

Profitez-en aussi pour regarder en périphérie de l'événement. Laissez, par exemple, monter en vous une image de ce qui est présent au moment où vous faites l'exercice, regardez attentivement cette image, puis portez ensuite attention à ce qu'il y a à côté, dans l'espace flou.

Prenons l'exemple d'un des événements les plus traumatisants et difficiles d'une vie adulte, celui qu'on ne souhaite à personne : la perte d'un enfant.

65. Peut-être que votre philosophie vous incite à ne pas consommer de médicaments. Mais vous êtes en survie. En survie, ce n'est pas le temps de faire de la philosophie.

Évidemment que vous serez torturé par les douleurs. Cependant, lorsque la peine commencera à vous laisser quelques minutes de repos – oui, ça arrive, mais il faut se donner du temps –, lorsque vous aurez donc quelques minutes pour faire cet exercice, laissez monter une image. Il est fort probable que cette image soit celle de votre enfant. Au début, en le voyant, vous sombrerez encore dans la peine et les pleurs. Peut-être aussi dans la colère contre le monde, la vie, Dieu. Laissez-vous aller. Puis, lorsque vous serez en mesure de voir cette image sans être submergé, regardez l'image et demandez-vous : je vois mon enfant, qu'y a-t-il à côté de lui dans l'image ? Prenez le temps de détailler ce que vous y voyez. Est-ce que cela a du sens pour vous ? Non ? Prenez simplement note de ce que vous avez vu. Oui ? Quel est ce sens ? En quoi peut-il m'aider ? Portez en vous ce que vous avez vu. Les choses vont venir d'elles-mêmes. Il ne faut rien forcer.

Au fil des semaines et des mois, vous aurez de plus en plus de périodes d'accalmie. C'est normal. Puis, vous retrouverez la douleur de l'événement, puis des accalmies encore et ainsi de suite. Vous êtes en train de vivre un deuil et cela, peu importe l'événement grave qui vient de se produire. Que ce soit la perte d'un enfant, la perte d'une vie professionnelle, la perte d'un conjoint, la trahison d'un ami, le processus est le même. Peu importe l'événement, vous êtes en deuil. Donnez-vous le temps de le vivre. Vous ne pouvez pas l'accélérer et ses étapes ne sont pas chronologiques. Elles sont chaotiques. Vous aurez l'impression de vous réorganiser et vous redeviendrez désorganisé. Vous aurez l'impression que le plus gros des émotions est passé et elles reviendront à un moment où vous vous y attendrez le moins. Vivez ce qui se passe comme ça se passe. Sans juger. Accueillez ce qui vient. Vivez ce qu'il y a à vivre. Ne vous imposez pas de délai[66] et ne jouez pas à *superman* ou à *wonderwoman*. Vous n'êtes pas un superhéros. Vous êtes un être humain.

Parmi les phases d'un deuil, il y a celle de la désorganisation. Une plus ou moins grande désorganisation selon l'événement. C'est ce que, personnellement, j'appelle la phase du démontage du meuble.

66. Sans vous « imposer de délai », sachez pourtant qu'un deuil nécessite de 1 à 2 ans, selon son importance. Au-delà de cette limite, on parle de deuil pathologique. N'hésitez pas à consulter si vous n'arrivez pas à en sortir.

Démontez votre meuble

Vous avez sûrement déjà acheté un meuble qu'il vous fallait monter vous-même. Si vous avez été chanceux, les instructions du fabricant étaient claires et cela s'est bien passé.

Si, comme moi, vous avez été moins chanceux, non seulement les instructions n'étaient pas claires, mais vous les avez mal comprises. Vous vous êtes alors retrouvé avec le meuble mal monté et presque terminé, qu'il vous a fallu complètement redéfaire pour poser la pièce que vous aviez oubliée et qui devait être placée dès la première étape.

La vie se comporte parfois comme cela. Il y a certains deuils qui nécessitent de revoir l'ensemble de notre vie, de la redéfinir complètement. C'est alors l'occasion de redéfaire le tout et de le remonter comme il faut. C'est souvent dans ces occasions que l'on redéfinit nos priorités, que l'on épure nos rêves, que l'on fait de vraies distinctions entre les rêves et les utopies, entre les talents et les passions. C'est là que l'on découvre qu'il ne fallait pas suivre nos talents, mais bien les talents pour lesquels on avait une passion. C'est aussi là que l'on découvre que nos rêves n'étaient peut-être pas nos rêves, mais des tentatives maladroites de résoudre nos enjeux[67].

Tout se passe en fait comme si notre être profitait de l'événement dramatique pour revisiter l'ensemble de notre chemin de vie et mieux s'aligner sur le Soi.

En développement personnel, on postule qu'en nous, il y a une instance qui nous connaît mieux que nous-mêmes, qui est à la source de notre développement, qui est le cœur de nous, qui connaît notre chemin de vie, notre mission, bref, qui peut nous guider vers la vie qui va le mieux nous convenir. Cette instance, selon les auteurs, porte différents noms : Soi, meilleur de nous, noyau intact... Mais peu importe son nom, il est en général admis que si le moi, cette partie de nous-mêmes dont nous sommes en partie conscients s'aligne sur le Soi, alors nous nous développons en harmonie avec ce que nous sommes vraiment.

67. Je décrirai plus clairement les enjeux au prochain chapitre.

Le moi peut vivre des envies, des idéaux, des « rêves » au sens de projets. Mais ces « rêves » ne sont pas nécessairement ceux qu'il doit réaliser dans sa vie. Et ce n'est pas dans ce sens-là que l'on parle de rêves en développement personnel. En effet, le moi isolé – que certains nomment l'ego – est rempli non seulement de ces « rêves » mais aussi de choses à réparer. C'est lui qui a vécu toutes ces blessures tout au long de sa vie. C'est lui qui a, par-dessus tout, envie d'enfin rencontrer la personne qui ne le trahira plus parce qu'il a vécu tellement de trahisons ; c'est lui qui voudrait devenir un grand voyageur parce qu'il désirerait tellement se quitter lui-même, n'arrivant pas à s'aimer ; c'est lui aussi qui voudrait être policier parce qu'au moins une fois dans sa vie, il pourrait faire la loi, lui qui a été écrasé par son père ; c'est enfin lui qui voudrait rencontrer l'âme sœur au plus vite parce que, n'arrivant pas à s'aimer lui-même, il voudrait compenser en remettant à un autre cette responsabilité.

De la même façon, le moi a probablement censuré vos rêves et les a ramenés au « politiquement correct », si bien que vous n'avez jamais été au bout de vos fantasmes. Le temps d'une désorganisation est alors un temps privilégié (dans les moments de répit bien sûr) pour aller encore plus loin. Laissez monter vos rêves, vos envies, osez admettre les désirs que vous portez. L'énergie de révolte qui est présente dans les moments de désorganisation est favorable à cela. Allez plus loin. Revenez à ce que vous n'avez jamais osé admettre en vous. Demandez-vous ce que vous feriez, par exemple, s'il n'y avait pas de morale ni de normes sociales.

Le moi laissé à lui-même peut porter des désirs qui ne sont pas épurés et qui ne sont en fait qu'une tentative de réparation des blessures subies tout au long de sa vie ou le reflet des normes sociales acceptables.

Ce n'est pas ça que j'appelle « rêves ». Ça, ce sont des « utopies ».

Car il est utopique de penser effacer le passé, de remettre à d'autres nos responsabilités, de vouloir éliminer nos cicatrices. Il est utopique aussi de penser qu'en réalisant un faux rêve conforme aux normes, vous pourrez vous réaliser.

C'est toutefois une première étape. La pleine conscience de vos utopies. Par la suite, tout cela aura besoin d'être épuré par le Soi.

Un temps de deuil est un bon temps pour l'épuration.

En conséquence, laissez-vous désorganiser par ce qui vous arrive. Ne résistez pas. Non, vous ne deviendrez pas fou. La désorganisation est quelque chose de normal et qui se produit dans le plus petit des deuils. C'est le temps de la purification des rêves et de l'adaptation à votre nouvelle réalité.

Vous serez sans doute également surpris de voir certains changements dans vos intérêts.

Bien qu'il ne soit jamais conseillé de prendre des décisions radicales avant au moins trois mois, vous pouvez pourtant vous laisser aller à voir vos envies, vos intérêts et vos goûts se transformer au fil du temps. Contentez-vous d'observer et laissez aller le tout. Allez loin dans l'utopie.

À mesure de votre réflexion, vous serez amené à revoir ce dont vous avez encore besoin dans votre vie.

Lâchez ce qui n'est plus utile

N'est-ce pas le propre d'un deuil que de renoncer à ce qui ne nous sert plus ?

Évidemment, la plupart du temps, cela se fait dans la douleur de la perte. Mais le chemin des princes et des princesses nécessite de renoncer à tout cela. Il vous faudra donc laisser de côté ce projet à deux que vous aviez avec la personne qui vous a laissé ; ce lit d'enfant que vous gardiez pour le disparu ; ce projet de menuiserie que vous ne pourrez plus réaliser à cause de votre dos meurtri. On pourrait en faire une liste immense.

Très souvent, vous aurez envie de faire preuve d'acharnement. C'est une forme de déni de ce qui s'est passé, la première étape d'un deuil. Accueillez ce déni pour ce qu'il est. Un déni. Observe-vous en train de nier votre dos, votre rupture, votre maladie, la disparition d'un proche.

Observez-vous en train de cracher un immense : « je ne veux pas » à la face du monde. Observez-vous en train de nier la réalité, de vous entêter sans raison. C'est là. Vous n'y pouvez rien. Et puis c'est une forme de persévérance. L'entêtement, c'est de persévérer dans l'impossible. Lorsqu'on en prend conscience, l'entêtement cesse.

Ne vous jugez pas. Lentement, l'acharnement prendra fin. Un deuil est en dent de scies. Accompagnez-vous jusqu'à ce que vous reveniez à l'étape de renoncer, de lâcher ce qui n'est plus utile, d'arriver à la conclusion ultime : inutile, je lâche.

Il est possible aussi qu'à travers ce flot d'émotions ressenti par moments, alors que vous croyez que le pire est passé, vous vous sentiez soudain envahi par un ouragan de peine qui déboule en vous sans que vous l'ayez vu venir. C'est ce que Monbourquette appelle « la grande braille[68] ». Laissez-vous aller. Votre être est en train de lâcher. Enfin. Maintenant le pire est traversé et la véritable reconstruction peut commencer.

Tout au long de ce processus chaotique, si vous utilisez les dix attitudes du chapitre 9, cela va grandement vous aider. N'oubliez pas que le tunnel dans lequel vous êtes enfermé vous empêche de voir la lumière. Cela ne veut pas dire qu'elle n'existe pas. Le sommet d'une montagne ne cesse pas d'exister lorsqu'il est recouvert de nuages.

Prenez le chemin du Soi

Lors de votre reconstruction, vous allez vous apercevoir que rien n'est plus comme avant. Vos rêves, vos aspirations, vos préoccupations, tout a changé. De légèrement à complètement, mais tout a changé. Il est temps de vous aligner davantage sur le Soi.

Vous vous souvenez du premier exercice de ce livre ? Cet exercice consistait à demander à son rêve de se montrer en n'essayant pas de contrôler l'image que vous alliez recevoir et en vous en étonnant au besoin si vous ne la compreniez pas.

68. Monbourquette, Jean. *Grandir : Aimer, perdre et grandir. Op. cit.*

Il s'agissait en fait d'un exercice de contact avec le Soi puisqu'en demandant au rêve de se montrer, vous deviez couper la rationalité (qui est du domaine de l'ego) et tout laisser aller, faisant ainsi place à votre inconscient, que vous ne contrôlez pas.

J'ai déjà publié cet exercice sur mon blogue. Quelqu'un m'avait alors écrit un témoignage sur son expérience. Ce témoignage est très éloquent en regard de ce qui peut se passer lorsque le moi connecte au Soi.

Cette personne me dit avoir commencé l'exercice en se disant (ego): «Je sais très bien quel est mon rêve: refaire ma vie avec un homme, trouver l'amour.» Elle s'ouvre pourtant à l'expérience en laissant venir l'image sans essayer de la contrôler. (Notez au passage que si elle s'était contentée de sa «certitude», elle n'aurait pas fait cette expérience et se serait privée de profiter pleinement de la sagesse de son intérieur. Du coup, elle aurait fait son cheminement sur de fausses bases et n'aurait pas profité de cet exercice.)

Je vous cite son message (en changeant quelques petites choses en vue d'éviter que quelqu'un la reconnaisse). Les italiques sont de moi.

> «Je lis qu'il faut demander à notre rêve de venir à nous et je me dis "ah, pas besoin de faire ça, je le sais, moi, mon rêve. C'est de refaire ma vie avec un homme, d'avoir 'un mari'. Pas besoin de cet exercice." Mais, *une petite voix me dit: "oh là, la belle, tu vas t'asseoir sur ton fauteuil et tu vas appeler ton rêve à venir vers toi"* et à ce moment une douleur me vient, là, dans l'estomac jusqu'à la gorge. J'ai mal. Je m'installe sur mon fauteuil en pleurs, sans savoir ce qui se passe, je ferme les yeux et je parle à mon rêve, je lui dis que j'ai mal mais que ça va et qu'il peut venir vers moi, se révéler.
>
> » Et voilà que c'est comme un hublot, oui pareil, qui s'ouvre devant moi et ça se déroule là. Je vois plein d'enfants (des 3-4 ans) qui courent dans un champ près de moi et c'est imprégné de soleil, de chaleur… c'est si beau. Il y a tellement de bonheur et d'amour, et ça rit, c'est empli d'allégresse.

[...]

» Le hublot revient et là, c'est moi vers l'âge de 3-4 ans, seule dans le champ encore imbibé de soleil, qui apparaît devant mes yeux, une magnifique petite fille qui me regarde, je sais que c'est moi ; je la reconnais, elle est tellement belle. Une grande bonté et une grande douceur l'habite, ses yeux sont pleins de lumière, débordants. À cet instant je saisis qu'elle a été laissée là, en plan, que tout le monde est parti, ils l'ont oubliée, surtout *ils ont oublié de la révéler à elle-même.* Elle avait besoin de câlins, de plein de câlins, de se faire souffler dans les cheveux, de se frotter visage contre visage, de rouler dans le champ d'herbe enveloppée dans les rires et la chaleur de bras bienveillants.

» Ils sont tous partis, l'ont laissée là. Maman, papa, mais surtout moi. On dirait que c'est moi qui aurais dû la révéler à elle-même ! ! ! ! La prendre par la main et l'emmener avec moi, la cajoler pleinement et la faire grandir. On dirait vraiment que c'est à moi que revenait cette tâche et qu'elle a encore cet immense besoin de câlins, de rires, de rouler dans l'herbe, d'insouciance, de plaisir et d'amour. Mais, je ne l'ai pas emmenée, ni personne.

» Je crois que mon rêve, c'est elle, si belle, qui me regarde. Pleine de lumière, elle m'attend, elle veut que je la révèle à elle-même. Ouf. Je ne sais pas trop quoi faire avec ça ! ! ! ! ! Mon rêve c'est supposé être "d'avoir un mari". »

N'est-ce pas beau ?

Ce que vous venez de lire, c'est une authentique expérience avec le Soi. Un contact unique du Soi qui révèle au moi ce qu'il y a à faire.

Regardons son expérience d'un peu plus près.

On ne peut nier que cette femme puisse vouloir un homme dans sa vie. Mieux : elle nomme « mari » cet homme, signifiant sans doute par là qu'elle veut un engagement. Son moi est donc très explicite.

«Mon rêve, c'est un homme engagé avec moi.» Pourtant, elle utilise l'expression bien connue «refaire ma vie» en parlant de ce rêve. Et refaire, ça peut vouloir dire qu'elle considère que sa vie n'est pas réussie. Si c'est le cas, nous sommes déjà en présence d'un jugement et d'un indice que le moi cherche à réparer quelque chose.

C'est alors que ce moi juge inutile de faire cette expérience, préférant de loin réparer sa vie en refaisant ce qui a été manqué. Et c'est justement là que se fait entendre une petite voix. Cette petite voix, c'est précisément celle dont parle Scott Peck. C'est le signe du Soi. Un Soi tout discret qui parle à l'oreille en chuchotant.

Ce serait facile de passer outre cette petite voix. Pourtant, cette femme choisit de l'écouter, et en faisant ce choix, s'ouvre à une magnifique expérience: l'alignement de son moi avec son Soi.

Et le Soi ne prend pas de détours. Il ne tergiverse pas. Il va à l'essentiel et corrige immédiatement le tir.

Ici, le rêve ne peut pas être d'avoir «un mari». Il doit être de révéler la petite à elle-même, de la prendre en charge, de cesser de demander à un autre, quel qu'il soit, de s'occuper de cette petite.

Du coup, le moi pourra, si cette femme le désire, s'aligner clairement sur ses besoins profonds, prendre éventuellement conscience que le «mari» souhaité l'était pour de mauvaises raisons et redéfinir son objectif en conséquence.

En faisant cela, elle pourra peut-être alors rencontrer ce «mari», mais pas comme une petite fille qui a besoin qu'on la dorlote. Comme une femme capable d'égalité et de réciprocité, d'adulte à adulte, sans avoir peur de l'autre, dans une vraie relation où l'autre est vraiment là.

Avant ça cependant, elle doit révéler la petite à elle-même. De quelle manière? C'est sans doute ce qu'elle découvrira si elle continue dans cette optique et qu'elle comprend à quel point cette démarche est importante. Et je soupçonne qu'elle devra d'abord apprendre à se dorloter elle-même, au point, peut-être, de se demander si elle a encore vraiment besoin d'un mari.

C'est sans doute à ce moment-là qu'elle le rencontrera.

Il en ira de même pour vous qui vous rendez compte que plus rien n'est tout à fait comme avant. La lumière, si longtemps disparue, reviendra bientôt en force. Elle vous ramènera vos rêves, mais épurés des filtres du moi. Elle vous ramènera l'espérance. Et vous commencerez à voir le sens que vous pouvez donner à ce qui vous est arrivé.

Oh, vous en serez sorti écorché, bien sûr. Peut-être pas définitivement remis non plus. Il y a des choses pour lesquelles on ne se remet jamais complètement. On s'y habitue, simplement.

Mais pour peu que vous ayez donné du sens à ce qui, au départ, n'en avait absolument pas, cela contribuera à vous aligner de plus en plus sur votre Être, votre Soi, le plus profond de vous-même.

Et voici que naîtra une version améliorée de vous. Une version prête, encore plus fortement qu'avant, à faire exploser ses couleurs.

Si vous explosiez déjà, imaginez le feu d'artifice !

CHAPITRE 14

Faites exploser vos couleurs

On m'a déjà raconté l'histoire d'une jeune fille
qui demande à une vieille sage :
« Comment devient-on un papillon ? »
Avec une lueur dans les yeux et un grand sourire,
celle-ci répond : « Il faut tellement vouloir voler
qu'on est prêt à ne plus être une chenille. »

DEBBIE FORD[69]

Tout au long de ce livre, vous avez activé le processus de la découverte de vous-même en tant que prince et princesse de votre royaume intérieur. Vous êtes en marche. Il ne vous reste que quelques étapes à franchir. Peut-être d'ailleurs avez-vous déjà remarqué des changements dans votre façon de voir la vie, de vous exprimer, de vous présenter au monde. Peut-être avez-vous déjà fait des changements dans votre vie.

Vous sentez en tout cas maintenant que faire exploser vos couleurs, c'est vous permettre de manifester concrètement dans votre vie les aspirations les plus profondes de votre être. Vous savez qu'il ne sert à rien de vous priver de vivre les passions qui sont en vous et que

69. Ford, Debbie. *Op. cit.*

pour peu qu'elles soient alignées sur votre être, sur votre Soi, elles refléteront également votre mission de vie.

Mais avant de parler de mission de vie, explorons davantage ce que représentent nos rêves.

La clarification des rêves

J'affirmais, dans la première partie de ce livre, que nous venons au monde avec des enjeux et une mission. Alors que les enjeux sont de soigner des blessures et, par conséquent, se rapportent à soi, la mission, elle, est la façon que nous aurons d'aimer les autres.

Je vous disais aussi que nous venons au monde avec des talents et des passions qui vont servir à la fois les enjeux et la mission.

Il en va de même des rêves que vous portez.

Un rêve, ça peut être n'importe quoi. Obtenir une maison, faire un voyage, posséder une voiture, être riche, trouver la personne avec qui on aura des enfants, se marier, devenir avocat. Ça peut aussi être de travailler avec les enfants, aider les pauvres, faire une grande carrière journalistique. En fait, dans la mesure où ce n'est pas une utopie, un rêve, c'est vraiment, mais vraiment n'importe quoi.

Et il n'y a pas de bon ou de mauvais rêve. Il n'y a pas de rêve plus noble qu'un autre.

Il y aura certains de ces rêves qui parleront de vos enjeux et donc de vos blessures, d'autres qui parleront de votre mission, d'autres encore qui parleront des deux.

Bien sûr, au point de départ, il peut sembler que le rêve « devenir riche » est un peu plus égoïste que le rêve « s'occuper des démunis ». Il ne faut pourtant pas juger ce rêve plus qu'un autre. Une personne peut très bien avoir comme enjeu d'expérimenter l'abondance en réponse à un enjeu de pauvreté précédent l'ayant fait souffrir énormément. Et comme on ne peut pas juger des autres, on ne peut pas juger de soi non plus. Lorsque vous portez un rêve, ne le jugez pas. Vous risqueriez de vous saboter.

Vous devez vous accueillir dans l'ouverture, sinon vous risquez de passer à côté d'un rêve qui ne vous semblait pas très noble et dont, pourtant, vous auriez grandement bénéficié. Il y a des rêves auxquels nous nous interdisons de penser à cause de conditionnements de l'enfance. En les accueillant sans jugement, cela vous permettra de réviser les « valeurs » de l'enfance et, peut-être, de réaliser que certaines étaient dictées par des peurs et non par l'amour.

Certaines personnes, par exemple, ont des rêves d'étude qui ont été mis en veilleuse par une éducation où l'on ne valorisait pas les études. D'autres ont des rêves de voyages qui ont été bloqués par une éducation qui dénigrait ce type d'activités. Aucun rêve n'est mauvais si on le porte en soi.

À ce stade-ci, il peut être très révélateur pour vous de vous faire une grille de vos connaissances sur vous-même à cet égard. Faites-vous un petit tableau et remplissez-le comme suit.

Dans la partie d'en haut à gauche, inscrivez vos enjeux de vie. Vous ne devriez pas avoir de difficultés à nommer ces blessures qui vous habitent ou vous ont habité.

Laissez son équivalent à droite en blanc, à moins de connaître d'ores et déjà votre mission. Comme je vous l'ai expliqué, c'est souvent la dernière chose qu'on trouve dans sa vie et nous y reviendrons plus tard dans ce chapitre.

Sous les enjeux, inscrivez des rêves pour vous-même. S'il n'y en a qu'un, ce n'est pas grave, c'est qu'il est sans doute plus gros. Gâtez-vous. Inscrivez tout ce que vous portez, mais limitez-vous à des rêves pour vous-même.

Dans la partie de droite, commencez par remplir les cases vis-à-vis des rêves pour vous-même. Voyez en quoi votre rêve pour vous pourrait servir aux autres et, si vous trouvez quelque chose, remplissez la case correspondante. Ensuite, demandez-vous s'il y a des services que vous voudriez rendre aux autres et qui ne correspondent en rien à quelque chose que vous avez écrit à gauche. Inscrivez-les à droite vis-à-vis une case laissée en blanc à gauche (voir la dernière case de l'exemple).

En voici un exemple tiré de quelqu'un que je connais maintenant très bien (sourire).

Mes enjeux	Ma mission
Abandon, trahison et humiliation, injustice, rejet.	Passeur
Mes rêves pour moi	**Mes rêves pour les autres**
Avoir une mini Cooper décapotable	----------------.
Être à la tête d'un centre de développement personnel	Faciliter les passages existentiels des gens dans la douceur et le sens
Habiter une maison deux étages sur le bord d'un lac avec une galerie tout le tour et une douche dans la salle de bain d'en haut	----------------.
Écrire un best-seller	Rejoindre le plus de gens possible dans cette facilitation des passages
Expérimenter l'abondance financière	Pouvoir offrir aux gens plus démunis les mêmes services qu'aux mieux nantis
----------------.	Pouvoir discerner dans chaque personne sa prochaine étape de vie

Comme vous pouvez le voir, toutes les cases « pour les autres » ne sont pas remplies. Et ce n'est pas de l'égoïsme. Cela n'enlève rien à mes qualités. Si vous me demandiez les raisons, par exemple, qui motivent mon envie d'avoir une mini Cooper, je vous répondrais que ce serait ma façon de me manifester que je m'aime, ce qui n'est pas plus mal. (Notez que je travaille encore à obtenir une mini Cooper. Pour la maison sur le bord d'un lac, j'en suis à lâcher prise).

De la même façon, il y a une case «pour soi» laissée vide. Celle de droite concerne ma mission et ne constitue pas un enjeu pour moi.

À vous maintenant. Faites la même chose avec vos propres rêves.

Ça y est ?

Vous avez l'image de ce que vous portez en vous ?

Il vous reste maintenant à passer à l'action.

Passez du rêve au projet

Un rêve n'est qu'un rêve s'il n'a pas été soumis à l'épreuve de la réalité. Évidemment, pour faire ça, il faut être stratégique et choisir ses combats.

Quel serait votre rêve le plus important présentement ? Celui qui vous motive le plus, vous enthousiasme le plus, vous fait décoller le plus ?

Il y en a plusieurs ? Choisissez-en un. Vous en avez maintenant tout un tableau. Cela devrait être facile. Pour vous aider à choisir, demandez-vous quel rêve vous réaliseriez si vous étiez certain de mourir tout de suite après ?

Voilà.

Vous avez votre rêve.

Vous allez maintenant en faire un projet.

Un projet est découpé en objectifs successifs. Si vous en avez besoin, il existe différentes façons d'être accompagné pour faire cela.

Je pense entre autres au *Manuel pratique du Tableau de vie*[70] d'Alain Williamson ou à du coaching spécialisé[71].

Vous aurez à identifier d'où vous partez, quelles sont vos ressources initiales, quelles sont les étapes à franchir et en combien de temps vous les franchirez de façon réaliste. Vous aurez aussi à évaluer vos risques et à décider en toute conscience lesquels vous êtes prêt à prendre et lesquels vous refusez de prendre.

Si vous avez suivi les conseils que je vous ai donnés, vous passerez à l'action. Parce que vous ne pourrez plus faire semblant que la vie que vous avez est celle que vous voulez vivre. Parce que vous n'aurez plus à cacher qui vous êtes et aurez envie non seulement de le montrer mais aussi de mettre votre pierre dans l'édifice du monde en réalisant votre mission. Parce que vous aurez découvert vos couleurs et n'aurez plus du tout envie de faire semblant qu'elles sont ternes.

Et votre mission ?

Supposons que les rêves du moi représentent le « chemin de vie pour soi ». Ces rêves reflètent alors nos enjeux. Je vous rappelle qu'il n'est pas mauvais d'avoir des rêves pour soi.

Si, donc, les rêves du moi sont le « chemin de vie pour soi », alors la mission serait plutôt votre « chemin de vie pour les autres ». Car la mission parle des autres. Elle est ce que vous êtes venus apporter au monde, la part qu'il vous appartient de construire dans l'édifice du monde.

Je disais plus haut que certains enjeux peuvent avoir un lien avec la mission. En effet, il peut arriver (assez généralement d'ailleurs) que la mission de vie soit d'apporter réconfort, guérison, aide dans un domaine où vous-même avez été blessé et avez dû vous réparer. Jean Monbourquette parle alors de guérisseur blessé[72]. Il en est ainsi

70. Williamson, Alain. *Manuel pratique du Tableau de vie*. Le Dauphin Blanc, 2012.

71. Un coach se choisit par affinités. Prenez rendez-vous une fois et si ça ne clique pas, trouvez quelqu'un d'autre.

72. Monbourquette, Jean. *Le guérisseur blessé*. Novalis, 2009.

de personnes mettant leur vie au service des femmes violentées alors qu'elles-mêmes l'ont été au cours de la leur. La venue d'un cancer peut également faire naître une préoccupation pour les personnes atteintes de ce mal.

En outre, la mission n'est pas un travail. Si, par exemple, vous avez comme moi une mission de passeur, vous pouvez très bien la réaliser en étant professeur, conférencier, auteur, infirmière, psychologue ou même banquier. Sauf que vous ferez ces métiers en facilitant le passage des gens d'une étape à une autre de leur vie. Ce sera ça qui donnera un sens à ce que vous faites.

Beaucoup d'entre vous serez sans doute portés à raconter votre histoire à quelqu'un et à lui demander s'il croit que vous avez trouvé votre mission.

Il est impossible de faire une telle validation. Personne n'est placé pour identifier votre véritable mission de vie à part vous, parce que c'est quelque chose qui se sent au fond de soi, dans ses tripes. Il n'y a que la nôtre que l'on peut sentir ainsi. Pas celle des autres.

En même temps, pourtant, il y a des choses repérables dans votre démarche qui peuvent vous aider à vous valider vous-même. « Aider les autres », par exemple, n'est pas une mission. Ou plutôt c'est toutes les missions. Il s'agit toujours d'aider les autres. Cherchez plutôt ce qui vous spécifie.

Voici quelques questions qui vous aideront à la nommer.

Souvenez-vous, si vous le pouvez, de votre petite enfance. Qu'est-ce que vous faisiez le mieux à ce moment-là ? Si on retrouvait vos amis de l'époque et qu'on leur demandait pourquoi ils vous appréciaient, que répondraient-ils ?

Souvenez-vous de vos premières années d'école. Posez-vous les mêmes questions.

Faites la même chose pour le secondaire, le collège, l'université, votre premier boulot.

Que faites-vous spontanément lorsque vous êtes avec des gens ?

Dans quelle activité ne voyez-vous pas le temps passer ?

Que feriez-vous avec 50 millions de dollars ? (Après, bien sûr, vous être gâté un peu.)

Réfléchissez à ce que vous faites de mieux et qui aide les autres. En quoi ça les aide ? Quelle est la nature de ce que vous faites ?

Et alors ? Avez-vous trouvé votre mission ? Vous croyez que oui ?

Passez le « test du resto ».

Imaginez que pour tout boulot dans le monde entier, il ne reste plus que des boulots de serveurs dans un restaurant. Vous devez prendre ce travail, car c'est le seul que vous aurez toute votre vie. Demandez-vous de quelle façon vous pourriez actualiser votre mission dans le contexte de ce travail. Normalement, votre réponse devrait surgir spontanément.

Si c'est le cas, il se peut bien que vous ayez trouvé votre mission.

Voici un exemple.

Un jour, un médecin vint me voir. Il n'allait pas bien. Il était crevé et n'en pouvait plus de travailler. Mais il voulait plus que des conseils de *burnout*. Nous avons donc entrepris une démarche dans laquelle il mordit à pleines dents. Dans le temps de le dire sont apparus deux deuils importants qui n'avaient jamais été résolus puis des questions sur le sens de sa vie.

Après seulement quelques rencontres, nous avons abordé la mission de vie. D'emblée, il dit : « moi, ma spécialité, c'est de tout réparer. Je répare les corps mais aussi les airs climatisés, les vélos de mes enfants, les barbecues des voisins. C'est une vraie farce, on dirait que les gens me poursuivent pour que je répare leurs trucs. Je suis reconnu comme le bricoleur de service ». Il se souvenait même qu'il aidait son père dans la ferme familiale à réparer tout ce qui brisait. Et il aimait ça.

Il prit aussi conscience que ses deux deuils principaux portaient sur le fait qu'il n'avait pas réussi à « réparer » ces deux personnes. En même temps, il prit conscience qu'il n'y pouvait rien, d'une part, et d'autre part qu'il avait le droit de mettre des limites à sa mission pour ne pas se crever à la tâche. Il réalisa aussi que ce n'était pas son travail qui le fatiguait autant, mais plutôt le fait qu'il ne mettait jamais de limites à personne.

Conscient de sa mission de « réparateur », il passa sans problème mon « test du resto » et s'exclama tout de go et en riant : oh, il est évident que je passerais beaucoup de temps à réparer tout ce qu'il y a là et que ça irait du matériel de la cuisine jusqu'aux couples en crise et que, le comble, ce serait moi qui hériterait des clients qui ont quelque chose de brisé.

C'était un réparateur. Il aimait cela. Il s'épanouissait là-dedans. Et il aima de nouveau la médecine, qui lui permettait de réparer les gens. Désormais, il savait pourquoi il recevait ses patients.

Remarquez également que s'il était à sa place en médecine, il aurait pu choisir tout aussi bien d'être mécanicien, dans l'éventualité où ses talents et ses passions l'avaient plutôt porté là.

Si vous avez une bonne idée de votre mission, laissez cette idée ouverte. Avec le temps, elle deviendra de plus en plus évidente, de plus en plus claire et de plus en plus simple à nommer.

De toute façon, puisque la mission est quelque chose qui nous sort par les pores de la peau et que l'on fait de toute façon, il n'est pas bien important de la nommer pour réaliser ses rêves. Ça ajoute simplement un sens de plus à ce que vous faites de mieux.

Poursuivez vos rêves. C'est fondamental si vous voulez exploser de mille feux.

Vos rêves sont vos couleurs, votre manière d'être au monde. Ils portent tout ce que vous êtes venus faire sur terre. Ils portent votre âme dans ce qu'elle a de meilleur.

Vous avez sans doute travaillé fort pour arriver à aimer tout ce que vous êtes, toutes les teintes que vous portez. Ça n'a certainement pas été facile.

Vous n'avez pas non plus fini de tout explorer. Nous n'avons jamais terminé de nous découvrir. Vous ajouterez encore des teintes à votre palette. À mesure de vos découvertes, vos rêves seront de plus en plus alignés sur votre mission.

Il vous arrivera encore d'éprouver de la honte face à une partie de vous difficile à aimer.

Mais vous y arriverez. Ces couleurs-là aussi, vous les aimerez. Parce que c'est vous. Dans toute sa splendeur.

Si ce n'est déjà fait, vous avez sans doute maintenant envie de faire exploser ces couleurs dans le feu d'artifice de votre réalisation.

Vous êtes entièrement « équipé » pour les afficher et il n'y plus aucune raison d'éviter de le faire.

Ne vous laissez donc plus jamais détourner de ce que vous êtes.

Vous êtes le prince ou la princesse d'un royaume.

Et là, tout de suite, vous êtes occupé à y régner.

ÉPILOGUE

Nous sommes le 26 juin 2014. Il y a un mois, j'ai eu 61 ans. Et je crois que je suis jeune.

Je suis assis dehors en ce magnifique matin d'été et je me dis que je dois trouver l'inspiration de terminer ce bouquin. Mais je n'ai pas d'idées qui me viennent spontanément.

Je m'arrête. Devant moi, d'immenses arbres tendent leurs feuilles vers un ciel magnifique que le soleil commence à illuminer.

J'entre en contemplation. Comme c'est beau.

Ma petite voix intérieure me souffle doucement: « Dis-leur. »

Au début je m'étonne. Mais je me doute bien de quoi elle parle. Je suis juste surpris que ça soit ce qui monte maintenant.

La petite voix ricane (ma petite voix est ricaneuse) et me répète: « Allez, dis-leur. »

Les souvenirs m'envahissent et je vois soudain ma démarche dans son entièreté. Une démarche de six années. Six années au cours desquelles j'ai appris ce que je vous ai écrit.

Il y a six ans en effet, vous le savez maintenant, je m'apprêtais à sombrer dans le plus grand abysse de ma vie. Le meuble que j'avais fort péniblement monté s'apprêtait à se défaire. Que dis-je ? À s'effriter. J'allais alors passer la plus grande partie de l'été à me désorganiser.

Ce fut une immense descente aux enfers dont il m'a fallu un an pour me remettre, puis cinq autres pour remonter le meuble autrement.

Cet été-là, la vie m'a donné le coup de bulldozer dont j'avais besoin pour avancer. Et ça a frappé fort.

Puis le soleil a ressurgi. La lumière était au bout du tunnel.

Lentement, j'ai compris les dix attitudes dont je vous ai fait part tout au long de ce livre. Encore plus lentement, j'ai compris les trois tâches importantes dont je vous ai parlé. D'une certaine façon, on peut dire qu'au cours des dernières années, j'ai été en apprentissage. J'avais fréquenté très longtemps l'université, mais je n'avais jamais été vraiment à l'école de la vie. C'est chose faite maintenant, même si je sais qu'on reste à l'école de la vie toute sa vie et qu'il me reste encore beaucoup d'apprentissages.

Grâce à ce grand bouleversement (jamais je n'aurais cru dire cela un jour), j'ai pu faire prendre un autre tournant à ma vie et même comprendre le sens de tout ce que j'ai vécu depuis ma naissance. J'ai pu revisiter chaque moment, chaque phase, chaque choix (qui, vous vous en doutez, n'ont pas toujours été les plus directs).

Il ne me reste donc plus qu'à vous parler de mes synchronicités.

Je vous l'ai dit plut tôt, cette notion a été développée par Carl Gustav Jung pour désigner un sens absolument subjectif que l'on peut donner à deux événements qui ne sont absolument pas liés mais qui nous apparaissent comme tels au moment où on les vit.

Je dois donc vous dire que depuis que je suis le courant de la vie, que je ne tente plus d'y résister en m'entêtant inutilement, il se produit justement des événements auxquels je donne des significations et qui me conduisent d'eux-mêmes, pour mon plus grand bonheur, vers ce que j'appelle « ma plus grande réalisation de moi-même ».

Depuis que je suis simplement dans le mouvement, il arrive des choses.

Prises isolément, ce sont des petites choses et je pourrais les rater. Mais pour l'ensemble, je les reçois comme des guides qui jalonnent la route qu'il me reste à faire ici-bas.

Aujourd'hui, c'est cela que j'ai envie de vous raconter. Cette dernière année et ses synchronicités. Cette année magnifique de mes soixante ans.

Il y a un an, alors que j'avais décidé (estime de soi oblige) de fêter en grandes pompes mes soixante ans de vie, quelqu'un me contactait pour me rencontrer (bénévolement il va sans dire) afin de me poser des questions sur mon métier. Ma petite voix me disait de trouver du temps et malgré que je sois très occupé à diverses choses, j'ai alors choisi d'y obéir. Je ne me doutais pas que j'y rencontrerais alors ma conjointe, femme merveilleuse dont la façon d'être, les talents et la vision des choses coïncident parfaitement avec les miens.

Au cours de cette année déjà belle pour cette rencontre, je m'inscrivis avec elle à un atelier d'écriture où on nous disait, entres autres, à quel point il était difficile d'être publié et combien il fallait être spécial pour y arriver. C'était un peu décourageant.

Une des présentations était donnée par Christine Michaud, l'animatrice télé et auteure de plusieurs livres. Durant sa présentation, Christine mentionna qu'elle avait une poupée, Chiffonie, à laquelle, à 42 ans, elle parlait toujours. En moi montèrent instantanément toutes mes connaissances sur les poupées japonaises et j'en fis part, amusé, à ma conjointe. Celle-ci réagit d'une façon à laquelle je ne m'attendais pas: « Tu devrais aller lui en parler. »

Immédiatement, je me dis que ça n'en valait pas la peine et que c'était tout au plus anecdotique. Mais ma conjointe réitéra: « Je te dis, tu devrais aller lui en parler, je sens que c'est important. »

Obéissant alors à ma « petite voix » faite chair, je pris quelques minutes pour déranger Christine en séance de signature et lui mentionner ce que je savais au sujet des poupées japonaises. Contre toute attente, elle sembla très intéressée par le sujet, ce qui m'incita, une fois revenu à la maison, à écrire un article à ce sujet sur mon blogue.

Cet article intéressa beaucoup Christine et je me retrouvai en entrevue à la télé pour en parler. Wow ! Magnifique.

Mais ce n'est même pas le plus beau.

Un jour, je reçus sur ma page Facebook une demande d'amitié. Un certain Alain Williamson me demandait de lui faire le «privilège» de l'accepter comme ami Facebook. Il me dit qu'il avait entendu parler de mes écrits par Christine et mentionnait être lui-même auteur de quelques livres.

Étonné, je me rendis sur sa page et découvrit qu'il était PDG des Éditions Le Dauphin Blanc.

Hum…

C'est déjà très étonnant mais vous devez savoir aussi qu'à chaque fois que j'allais dans une librairie — depuis de nombreuses années — et que je voyais le logo de ce petit dauphin, il m'attirait.

J'avais même dit à une ex-conjointe, il y a très longtemps:

— Si un jour je finis par écrire mon livre et que je suis publié, je voudrais que ce soit là !

Vous imaginez alors mon emballement lorsque j'ai vu qui était ce Monsieur.

Depuis, j'ai rencontré Alain avec ma conjointe et la sienne. Nous avons beaucoup de points communs. La vie est magnifique.

Et voilà que je termine ce manuscrit et que je me prépare à le lui envoyer.

Au moment où je révise ces lignes, Alain a accepté de le publier.

Je serai donc publié au Dauphin Blanc, un de mes rêves.

Sans cette rencontre, sans cet ensemble de circonstances que j'appelle des synchronicités, ce manuscrit n'aurait pas vu le jour.

Aujourd'hui, quand je le termine, je ressens le plaisir d'un roi. Je suis fier de ce que j'ai accompli et éprouve une immense gratitude pour ce que la vie m'a apporté depuis que je la suis et l'écoute.

Voilà alors le message que je voudrais vous laisser en terminant.

Lorsque nous croyons que *ce n'est pas la vie qui fait mal mais notre entêtement à y résister*, lorsque l'on s'applique à suivre ce mouvement et à trouver le sens des choses à l'intérieur de ce mouvement, nous connectons à notre être, nos couleurs deviennent vives et explosent en un feu d'artifice gigantesque.

Il arrive alors que l'on puisse croire que cette vie a été prévue et planifiée pour notre plus grand apprentissage et notre plus grand bien et que, somme toute, les choses se sont passées comme elles le devaient.

Quand c'est le cas, alors la gratitude qu'on éprouve pour la vie n'a d'égal que le sentiment profond de régner sur son royaume intérieur et d'en être, définitivement, le prince incontesté.

Suivez ce mouvement.

Faites exploser vos couleurs.

Vous le méritez !

Parce que vous êtes le prince ou la princesse de votre royaume.

Et je m'incline devant votre royauté.

REMERCIEMENTS

Merci d'abord à Isabelle, ma conjointe, qui a été ma première lectrice. Attentive, critique mais aimante, elle m'a encouragé jusqu'à la toute fin à poursuivre ce rêve de publier en acceptant aussi mes « absences psychologiques » sporadiques. Je t'aime, Isabelle.

Merci à Christiane et Nathalie, mes deux « médiums » préférées. Depuis six ans, elles n'ont cessé de me dire : tu dois publier ton livre. C'est fait, maintenant.

Merci à Paulette qui, un jour d'août 2008, m'a sauvé la vie en prenant son temps de vacances pour moi.

Merci è Véronique Talbot qui réussit si bien à mettre mes folies créatives en image.

Merci à Christine Michaud de s'être intéressée à mon travail au point de me mettre en contact avec Le Dauphin Blanc. Christine est l'Oprah du Québec. Mille mercis. Je t'en dois une, Christine.

Merci à Alain Williamson, PDG des Éditions Le Dauphin Blanc, d'avoir cru en moi et en mes capacités alors même que mon texte n'en était qu'à son premier balbutiement.

Merci à Sonia Marois, directrice de la production et adjointe à la direction des Éditions Le Dauphin Blanc, qui a eu la patience d'un ange en recevant mes « millions » de courriels et qui a su calmer mes insécurités de néophyte en matière d'édition.

Merci enfin à cette ex-conjointe qui a servi de « bulldozer » à mon développement. Sans elle, je ne serais jamais devenu qui je suis aujourd'hui.

BIBLIOGRAPHIE

Bourbeau, Lise. *Les cinq blessures qui empêchent d'être soi-même*, Pocket, 2013.

Confucius, *Entretiens*.

Corneau, Guy. *Le meilleur de soi,* Éditions de l'Homme, réimpression 2009.

Dyer, Wayne. *Vos zones erronées,* De Mortagne, réédition 2012.

Ford, Debbie. *Le secret oublié*, ADA, 2003 – ouvrage épuisé.

Fowler, James. *Stages of Faith : The Psychology of Human Development and the Quest for Meaning*, HarperOne, 1981.

Frankl, Viktor Emil *Découvrir un sens à sa vie avec la logothérapie.* Éditions de l'Homme, réimpression 2013.

Labonté, Marie Lise. *Familles d'âmes*, Le Dauphin Blanc, 2002.

Labonté, Marie Lise. *Parlez-moi d'amour vrai,* Éditions de l'Homme, 2007.

Lao-Tzeu, *La Voie et sa vertu – Tao-tê-king,* Éditions du Seuil, Collection Points Sagesses 16, 1979, p. 161.

Leleux, Claudine, «Théorie du développement moral chez Lawrence Kohlberg et ses critiques (Gilligan et Habermas)», in: Ferry, Jean-Marc et Boris Libois, dir., *Pour une éducation postnationale*, Bruxelles, 2003, Éditions de l'Université de Bruxelles, coll. «Philosophie et Société», p. 111-128

Monbourquette, Jean. *À chacun sa mission*, Novalis, 2006.

Monbourquette, Jean. *Apprivoiser son ombre*, Novalis, 2011.

Monbourquette, Jean. *De l'estime de soi à l'estime du Soi*, Novalis, réédition 2013.

Monbourquette, Jean. *Le guérisseur blessé,* Novalis, 2009.

Monbourquette, Jean, Isabelle D'Aspremont et Myrna Ladouceur. *Stratégies pour développer l'estime de soi et l'estime du Soi*. Novalis, réédition 2013.

Ouellet, Sylvie. *Bienvenue sur terre,* Le Dauphin Blanc, 2008.

Pascal, Blaise. *Pensées*, nouvelle édition illustrée et annotée par Henri Massis, Audin, Paris, 1949, p. 195.

Peck, M. Scott. *Au-delà du chemin le moins fréquenté*, J'ai lu, 2004.

Picazo, Bernadette. *Pour en finir avec l'emprise du stress*, Éditions Chiron, 2008.

Ricard, Matthieu. *Plaidoyer pour le bonheur,* Nil, réédition 2003.

Singer, Christiane. *Derniers fragments d'un long voyage*, Albin Michel, 2007.

Singer, Christiane. *N'oublie pas les chevaux écumants du passé*. Le livre de poche, Albin Michel, 2005.

Singer, Christiane. *Où cours-tu ? Ne sais-tu pas que le ciel est en toi ?* Le Livre de Poche, Albin Michel, 2001.

Singer, Christiane. « L'enfantement, l'éros et la vieillesse ». In : *Nouvelles Clés*. Propos recueillis par Patrice van Eersel. Disponible en ligne :[http://www.cles.com/debats-entretiens/article/l-enfantement-l-eros-et-la-vieillesse].

Tolle, Eckhart. *Le pouvoir du moment présent*, Ariane, 2000.

Walsh, Neale Donald. *L'abondance véritable*, Ariane, 2008.

Williamson, Alain. *Manuel pratique du Tableau de vie*, Le Dauphin Blanc, 2012.

Pour rejoindre l'auteur :

www. jeanrochette.com

www.osetoutcourt.com

jean.rochette.psy@gmail.com

MARQUIS

Québec, Canada

RECYCLÉ
Papier fait à partir de matériaux recyclés
FSC® C103567
FSC
www.fsc.org

Imprimé sur du papier Enviro 100% postconsommation
traité sans chlore, accrédité ÉcoLogo et fait à partir de biogaz.

CHOIX ENVIRONNEMENTAL · ENVIRONMENTAL CHOICE
PROCESSED CHLORINE FREE · PROCÉDÉ SANS CHLORE
100%
PERMANENT
BIO GAZ
ÉNERGIE